La discipline,
un jeu d'enfant

La Collection du CHU Sainte-Justine
pour les parents

La discipline,
un jeu d'enfant

Brigitte Racine

Éditions du
CHU Sainte-Justine

Catalogage avant publication de Bibliothèque et Archives nationales du Québec et Bibliothèque et Archives Canada

Racine, Brigitte

La discipline, un jeu d'enfant

(La Collection du CHU Sainte-Justine pour les parents)
Comprend des réf. bibliogr.

ISBN 978-2-89619-119-2

1. Enfants — Discipline. 2. Éducation des enfants. I. Titre. II. Collection: Collection du CHU Sainte-Justine pour les parents.

HQ770.4.R32 2008   649'.64   C2008-940318-5

Illustration de la couverture: Marie-Claude Favreau

Conception graphique: Nicole Tétreault

Diffusion-Distribution au Québec: Prologue inc.
                    en France: CEDIF (diffusion) – Daudin (distribution)
                    en Belgique et au Luxembourg: SDL Caravelle
                    en Suisse: Servidis S.A.

Éditions du CHU Sainte-Justine
3175, chemin de la Côte-Sainte-Catherine
Montréal (Québec) H3T 1C5
Téléphone: (514) 345-4671
Télécopieur: (514) 345-4631
www.chu-sainte-justine.org/editions

Dépôt légal-: Bibliothèque et Archives nationales du Québec, 2008
               Bibliothèque et Archives Canada, 2008

Cet ouvrage est imprimé sur un papier Silva entièrement recyclé.

À René, Jean-Gabriel et Pierre-Olivier
pour ce qu'ils m'ont donné,
pour ce qu'ils m'ont appris,
pour ce qu'ils sont
et pour ce qu'ils m'ont permis de devenir.

REMERCIEMENTS

À Luc Bégin, grâce à qui cette publication voit le jour.

À Denis Rochon, pour son investissement dans ce livre, pour ses mots justes et sensibles.

À Chantal Zaccour, pour son enthousiasme, ses suggestions et son professionnalisme.

À Suzann Tratt, pour son amitié, sa créativité et ses nombreux talents.

À ma grande famille de laquelle je me sens profondément aimée et soutenue, à mes précieux amis pour leur foi en moi et à tous les parents et éducateurs qui m'ont accordé leur confiance et qui ont enrichi ce livre de leur histoire.

TABLE DES MATIÈRES

INTRODUCTION

Il faut bien constater que, souvent, les rêves des parents en devenir s'évanouissent devant la dure réalité qui consiste à élever des enfants débordant d'énergie! Dans mes propres rêves, je m'étais imaginée à table avec mes enfants, nous mangions presque silencieusement, échangeant calmement tout en nous amusant. Au lieu de cela, je lançais les ordres et les contrordres : « Assieds-toi comme il faut, arrête de faire du bruit avec tes ustensiles, enlève tes coudes de la table… » J'avais remarqué chez les enfants des autres des crises, des désaccords et des comportements délinquants, mais je me berçais de la douce illusion que j'échapperais à cela avec les miens et que, pour les calmer, j'éviterais les répétitions, les menaces et les cris !

La maternité m'a ramenée sur terre et m'a rendue plus réaliste et compréhensive. J'ai rapidement admis qu'il me fallait d'abord reconnaître les forces et les limites des valeurs que j'avais moi-même reçues de mes parents. Je savais qu'ils avaient souhaité me donner le meilleur d'eux-mêmes, qu'ils avaient souvent douté de leurs interventions et qu'ils s'étaient plusieurs fois demandés s'ils étaient sur le bon chemin. C'est en pensant à eux, à mon admiration pour eux, que j'ai réussi à prendre conscience de mes propres limites. Non, tout n'allait pas être que douceur et tranquillité. J'étais placée dans la situation d'avoir à « faire régner la discipline » et je n'avais pour arme que des menaces de privation et des punitions.

À quand l'intervention d'une mère aimante, enjouée, qui s'exécute dans le calme et avec doigté ? Pouvais-je m'imaginer en marâtre pour les dix ou quinze prochaines années ? Comment aider mes enfants à devenir de bonnes personnes, alors que je ne transmettais rien de positif ? Existait-il un moyen d'être et d'agir autrement ?

Je me suis mise à l'ouvrage, accompagnée par le père de mes enfants, étant tous deux soucieux de donner ce que nous avions de mieux. J'ai appris et éprouvé au fil des mois et des années ce que je vous propose dans ce livre.

Ce qui importe le plus, c'est l'attitude du parent. L'enfant acceptera de l'entendre et de collaborer avec lui si son attitude repose sur l'amour et la compassion. Il se laissera alors guider et influencer.

Faute d'être parfaite, je suis devenue plus sensible aux demandes de mes enfants, je me suis mise davantage à leur place, j'ai moins tenu compte des jugements des autres et davantage des sentiments et des besoins des miens. Je suis devenue plus humaine, plus proche de la mère que j'avais souhaité être et, en quelque sorte, un peu plus compétente.

Être un modèle reste le meilleur moyen d'éduquer des enfants. Les comportements que nous souhaitons voir chez nos enfants, il nous faut apprendre à les adopter nous-mêmes.

Pour influencer un enfant, il est primordial d'établir un solide lien de confiance. Les besoins affectifs doivent être comblés avant tout. Lorsque l'enfant se sent aimé, valorisé et sécurisé, lorsqu'on croit en lui et qu'on partage avec lui des moments de plaisir, il a envie de collaborer, de faire plaisir, de vivre en harmonie, dans une relation où chacun fait attention à l'autre. Il est dans la nature d'un enfant de vouloir faire plaisir à ses parents. C'est aussi simple que cela : c'est un jeu d'enfant !

Ce livre contient toute une série de moyens simples, concrets, efficaces, applicables immédiatement, des moyens susceptibles de combler les besoins de votre enfant et de l'aider à devenir responsable. Si cela se fait avec le souci de prendre soin de lui et de l'amener à se réaliser pleinement, vous récolterez plus que vous espérez.

Vous souvenez-vous d'avoir été follement amoureux ou amoureuse ? Tout ce que vous imaginiez pour faire plaisir à l'autre, pour le combler et pour qu'il se sente important et aimé ! Des petits mots, des surprises, des petites attentions, des invitations, des moments en tête-à-tête. Il en va de même avec votre enfant. Il a besoin d'un adulte qui l'aime, qui le fasse se sentir important… et cela devient un jeu de l'encadrer, de l'aider à se discipliner et de lui apprendre à devenir responsable.

CHAPITRE 1

De quoi les enfants ont-ils besoin?

Être parent

Quels sont les besoins des enfants d'aujourd'hui? Principalement de se sentir aimés. Ont-ils besoin d'obtenir tout ce qu'ils demandent? Tout ce que les autres possèdent? De tout avoir? Peut-on être heureux, s'amuser et rire tout le temps? On peut douter qu'il soit réaliste d'envisager la vie de cette façon.

De fait, plus tôt l'enfant apprend que la vie est composée de plaisirs et de peines, de naissances et de morts, de pertes et de deuils, plus libre sera son parcours. Comme parent, vous l'aurez préparé à accepter les revers de fortune et les désillusions, d'autant plus si vous le faites vous-même. Vous serez le modèle dont il s'inspirera.

Pour certains, les parents sont des pourvoyeurs de bonheur à tout prix… quitte à ce qu'ils s'oublient pour laisser toute la place aux enfants. Ceux-ci ne se privent pas pour l'occuper, puisqu'on leur offre sans opposition tout l'espace. Dans cette situation, celle dans laquelle le parent dit OUI à tout, l'enfant peut-il vraiment accepter que les autres aient également des besoins et des désirs? Comment comprendra-t-il qu'il n'a pas toujours la préséance et qu'il doit aussi contribuer au bien-être de son entourage? Il faut savoir que le NON peut aussi être une réponse empreinte d'amour. Ainsi, lorsqu'on retire à un enfant ses ustensiles parce qu'il s'en sert pour faire du bruit à table, on lui rend service. Quelle sorte de valeur lui transmettrait-on si on le laissait faire n'importe quoi ? Comment vivrait-il en harmonie avec les autres s'il était roi et maître en tout temps ?

Brandon, 4 ans, entre le matin à la garderie en bousculant les autres et, la plupart du temps, il fait des crises pour retourner à la maison. Toute la journée, il est maussade, il ne collabore pas et il veut tout décider. Il refuse de partager et ne cède jamais son rang. Il monopolise toute l'attention de l'éducatrice qui doit intervenir constamment, lui répéter les consignes et lui rappeler les nombreuses règles qu'il enfreint. Les responsables de la garderie ont averti ses parents qu'il sera expulsé dans un mois si son comportement ne s'améliore pas.

Ses parents prétendent n'avoir aucune difficulté avec lui à la maison. Brandon décide de l'heure du coucher, une heure tardive bien entendu. De plus, c'est lui qui choisit le lit dans lequel il couche, et c'est souvent celui de ses parents. Il décide également de l'heure des repas, de l'endroit où ils se prennent ainsi que du menu. Lorsque les parents ont acheté une nouvelle maison, ils ont dit à Brandon que c'était « sa » maison. Tout cela pour le consoler du déménagement qu'il ne souhaitait pas. Quand les choses ne se déroulent pas comme il l'entend, Brandon les menace de les chasser de « sa » maison. Les grands-parents de Brandon et sa tante Ginette se trouvent maintenant toutes sortes de prétextes pour ne plus le garder.

Brandon n'accepte aucune contrariété. Quel choc pour lui, la garderie ! Ses parents ne l'ont pas préparé à vivre en société. Il n'a pas appris que les autres existent et que c'est parfois à l'autre de choisir ou d'être le premier. Il n'a pas compris non plus que certains choix ne soient pas de son ressort. Quant à ses parents, ils ont décidé qu'après une journée de travail, ils n'avaient pas envie de subir de crises ou de conflits. Comme solution, ils comblent sans exception toutes les requêtes de Brandon. Celui-ci est-il prêt pour la grande aventure de la vie ?

En quoi consiste notre tâche de parent ? Apprendre à nos enfants à vivre en société, à respecter les règles en cours, à être polis et bien élevés ? Prendre les moyens pour qu'ils développent leurs talents et qu'ils réussissent ? En fait, notre principale tâche consiste à aider nos enfants à devenir des êtres humains capables de se réaliser. Toutefois, les moyens utilisés pour y arriver changent tout. Si nos interventions sont empreintes d'humanité et préservent la dignité de nos enfants, ceux-ci avanceront dans la vie avec dignité.

> « Si vous traitez une personne pour ce qu'elle devrait et pourrait être, elle deviendra ce qu'elle devrait et pourrait être. »
>
> *Goethe*

La vision que nous avons de notre mission de parent joue un rôle fondamental dans notre façon d'éduquer nos enfants. Elle gouverne nos attitudes et nos comportements, elle développe ou limite notre potentiel de parent et nos aspirations. À titre d'exemple, voici une anecdote mettant en scène trois travailleurs sur un chantier à qui on demande ce qu'ils sont en train de faire. Le premier répond : « J'empile des briques », le second : « Je construis un mur » et le troisième répond avec fierté : « Je bâtis une cathédrale. » Il en va de même pour le rôle du parent, notamment dans les travaux scolaires. Lorsque tous les moyens sont bons pour que l'enfant fasse ses devoirs, y compris les menaces, le parent empile des briques. Par contre, si son but est d'aider l'enfant à s'acquitter de ses tâches de façon responsable, avec plaisir autant que possible, et à assumer les conséquences s'il décide de ne pas les faire ou de les bâcler, il travaille à bâtir une cathédrale.

Y a-t-il une expérience plus extraordinaire que celle d'être parent ? Quelle responsabilité que d'assumer pleinement ce rôle, qui consiste à apprendre à nos enfants à se passer de nous, à les protéger sans les surprotéger, à les encadrer sans les dominer afin qu'ils apprennent au fil des ans à se maîtriser, à incarner les valeurs à transmettre, vingt-quatre heures sur vingt-quatre, sept jours sur sept... sans relâche. C'est une tâche noble, mais tellement exigeante, car elle consiste à valoriser les forces et les talents de l'enfant sans trop se projeter soi-même, à ne pas imposer ces habiletés qu'on n'a pas pu développer pour soi, à l'aimer pour ce qu'il est et pour ce qu'il devient et non pour ce qu'on aimerait qu'il soit. Être parent, c'est un défi de taille, un travail de tous les jours, une histoire sans fin d'amour et de respect.

L'établissement de règles joue un rôle majeur dans la vie familiale. Les parents doivent être constants dans leur application... sinon, c'est la confusion. Comment dire non, interdire temporairement un comportement ou un jouet, comment remettre à plus tard une activité ? Comment résister à l'envie de contourner nos propres règles pour faire plaisir à nos enfants ? Comment résister à la peur et à la souffrance de les frustrer, de les choquer, de les décevoir, de ne plus être aimé... et de nous retrouver avec une crise sur les bras ? Lorsque nous disons *non* à l'enfant, nous lui donnons automatiquement un droit de réplique, car il va nécessairement réagir.

Les peines et les chagrins font partie de la vie, au même titre que la joie et le bonheur ; priver son enfant de cette expérience le dépouille d'une partie de sa vie, d'une partie de lui-même.

 Si Ariane, 9 ans, réclame le même jeu qu'une amie avant la fin de la journée, ses parents le lui procurent. Pourquoi ne pas la rendre heureuse ? C'est si bon de la voir sourire. Et puis, ils n'ont qu'elle ! Chaque sortie devient l'occasion d'un achat. Pourquoi pas, ils en ont les moyens ! Pourtant, plus Ariane grandit, plus sa mère constate que cela devient difficile de la rendre heureuse tout le temps. Ainsi, Ariane s'est inscrite récemment à des cours de danse. Après seulement deux cours, elle a fait une crise épouvantable, ne voulant plus y retourner. Il lui est impossible d'admettre que d'autres sont meilleures qu'elle. Ce bonheur-là, ses parents ne peuvent pas le lui procurer! Alors, pour lui éviter d'être malheureuse, ils lui paient des cours de danse privés. On peut se demander jusqu'où ils iront pour faire le bonheur de leur fille, pour lui éviter tout désagrément, toute souffrance.

Besoins ou désirs?

Quelle est la différence entre un besoin et un désir? S'alimenter est un besoin, manger des frites est un désir. Dormir est un besoin, se coucher tard est un désir. Jouer est un besoin, vouloir rester au parc après trois heures d'activité est un désir.

En ce qui concerne les besoins physiques et affectifs, le parent qui en retarde la satisfaction risque de nuire au développement de son enfant. Ainsi, l'enfant qui manque de sommeil est maussade, impatient et intolérant, et ce manque peut aussi causer un retard de croissance. L'enfant dont le besoin d'attention n'est pas comblé comprend qu'en étant désagréable, on va s'occuper de lui. Ce comportement lui sera nuisible puisqu'il recherchera l'attention de son éducatrice ou de son enseignant de la même façon, c'est-à-dire en se comportant de façon désagréable.

Quant aux désirs, le rôle du parent consiste à les entendre et à les reconnaître sans pour autant les satisfaire intégralement.

Quelle réponse donner à Laurence qui exprime le désir qu'on lui lise un conte sur-le-champ? «Tu en auras un ce soir avant de dormir.» À Pierrot, qui veut jouer tout de suite une partie d'échecs? «Oui, samedi, ce sera possible.» À Anne qui demande un jeu coûteux? «À ta fête ou à Noël, peut-être». Enfin, à Laurie qui demande une petite sœur? «Peut-être un jour, peut-être jamais.»

Ces enfants apprennent ainsi à retarder la satisfaction de leurs désirs et à persévérer. Certains de leurs désirs sont satisfaits, d'autres non. Quelques-uns rapidement, d'autres plus tard ou peut-être jamais. L'enfant dont la majorité des désirs sont satisfaits rapidement n'apprend pas à attendre, à persévérer et à fournir un effort. Or, pour apprendre à lire par exemple, il faut des efforts et de la persévérance.

Si l'enfant constate que ses parents ont bien entendu ses demandes et compris ses désirs, il se sent important. Ce sentiment a beaucoup plus de prix à ses yeux que le conte, la partie d'échecs ou le jouet coûteux. Il accepte beaucoup mieux le refus et la limite qu'on lui impose.

Les comportements désagréables

Quand l'enfant crie, il exprime le besoin d'être vu, entendu, reconnu et respecté. Toutefois, sa façon de communiquer ce besoin est inacceptable puisqu'elle agresse la personne en mesure d'y répondre.

Les enfants qui ont les plus grands besoins sont ceux qui s'y prennent le plus mal pour faire connaître leurs demandes. On ne leur a pas appris à le faire de façon convenable et responsable. Ceux qui ont le plus grand besoin d'amour sont ceux qui nous apparaissent les moins aimables et les plus difficiles à aimer. Il nous faut beaucoup de compassion pour arriver à se mettre à la place de ces enfants et pour décoder le sens de leurs comportements dérangeants.

Dans *La thérapie de la réalité*, William Glasser, psychiatre et consultant en éducation, explique que tout comportement vise la satisfaction d'un besoin. Selon lui, il faut commencer dès la petite enfance à apprendre à satisfaire ses besoins et continuer toute sa vie. À défaut de quoi, on connaît la souffrance et cela nous amène toujours à chercher des moyens tout à fait irréalistes et inappropriés pour les satisfaire. Plus nous apprenons jeunes et de la bonne façon, plus notre vie est satisfaisante.

La responsabilité est un concept de base de cette thérapie de la réalité. William Glasser la définit comme la capacité de satisfaire ses besoins d'une façon qui ne prive pas les autres de leur capacité de satisfaire les leurs. Cette capacité, il nous faut l'apprendre. Chez l'enfant, cela se crée par une juste proportion d'amour et de discipline.

La façon dont nous tentons de satisfaire nos besoins peut s'avérer ni efficace ni acceptable. Certains adultes parlent très fort pour capter l'attention tandis que d'autres développent un sentiment de supériorité dans leur désir d'être reconnus et valorisés. Quant aux enfants qui agissent de façon inacceptable pour satisfaire leurs besoins, ils doivent apprendre à réorienter leurs comportements pour ne pas nuire aux autres. Toujours selon Glasser, 90 % des comportements désagréables sont liés à un manque d'amour et d'attention. Lorsque les besoins d'attention et d'amour sont satisfaits, les problèmes de discipline disparaissent comme par enchantement.

Récompensez-vous les comportements désagréables ?

Le besoin de capter et de conserver l'attention de ses parents est essentiel chez l'enfant. Lorsque ce besoin n'est pas comblé, le petit se comporte très souvent de façon désagréable, allant jusqu'à revendiquer avec emportement. Il est important de noter qu'en adoptant et en répétant un comportement désagréable, l'enfant gagne quelque chose et le plus souvent, il s'agit de notre attention !

L'enfant recherche une telle attention négative lorsque le parent néglige de le reconnaître et de valoriser ce qu'il fait de bien. La propension à attirer l'attention dénote une carence.

Dominique attire quotidiennement l'attention de son enseignante, soit en parlant quand ce n'est pas le temps, ce qui lui vaut de nombreuses punitions, soit en se balançant sur sa chaise, ce qui lui a occasionné de nombreuses chutes. Par son comportement négatif, elle capte non seulement l'attention de l'enseignante, mais aussi celle de toute la classe.

L'attention positive est celle qu'un parent accorde gratuitement à son enfant. Un sourire ou un câlin, juste parce qu'il l'aime et qu'il l'apprécie comme il est. En reconnaissant et en valorisant les bonnes actions de son enfant et ses comportements exemplaires, le parent l'entraîne sur un chemin qui lui permet d'adopter des attitudes agréables envers son entourage et de satisfaire son grand besoin de reconnaissance. L'enfant qui se sent important et qui reçoit une attention positive de la part de ses éducateurs accepte mieux d'être dirigé; de plus, il a envie de leur faire plaisir parce qu'il se sent aimé. En retour, il accorde à son tour de l'importance aux demandes des éducateurs et des parents. Dans ces conditions, il y a de fortes chances qu'une bonne part de ses comportements désagréables disparaisse d'eux-mêmes.

Plus nous portons attention aux comportements positifs d'un enfant et mieux il se comporte. En félicitant l'enfant chaque fois qu'il se conduit de façon positive et en valorisant ses efforts pour partager, coopérer et être pacifique, le parent l'incite à poursuivre dans cette voie. Il ne faut donc pas manquer de communiquer à son enfant sa fierté et son appréciation. Il n'y a rien de plus triste que de voir un enfant se comporter de façon désagréable simplement pour qu'on s'occupe enfin de lui.

Alexis, 8 ans, prend presque deux heures chaque soir pour faire ses devoirs avec l'un ou l'autre de ses parents. Ceux-ci sont exaspérés et auraient envie de lancer les livres et les cahiers par la fenêtre, tellement cela n'en finit plus. Ils ont l'impression que leur fils étire le temps, qu'il regarde partout, qu'il fait tout de travers… Alexis a réalisé qu'au moment des devoirs, il a toute l'attention de ses parents et il en profite, même si ce n'est pas toujours agréable. Tant qu'il n'a pas fini, ses parents restent avec lui. Jusqu'au jour où ils lui font part de leur souhait de partager avec lui des moments de jeu avant les devoirs; pour ce faire, ajoutent-ils, ils s'attendent à plus de collaboration de sa part, étant donné que dorénavant, ils ne pourront plus consacrer qu'une demi-heure à ses devoirs. Alexis a bien compris le message. Il s'organise mieux et les devoirs se font maintenant en moins de 30 minutes…

Les enfants savent bien que leurs parents sont très préoccupés par leur réussite scolaire. Certains étirent donc l'heure des devoirs et leçons pour avoir toute leur attention.

De façon générale, les conflits sont une bonne façon de capter l'attention. Ils se produisent souvent au moment du coucher; l'enfant, qui a été négligé durant la journée, se dit que c'est sa dernière chance d'avoir de l'attention. Toutes les raisons sont bonnes alors pour qu'on s'occupe de lui; de l'eau, une envie de pipi, un dernier câlin... Il est important de se rappeler que le besoin d'amour et d'attention de l'enfant doit avoir été satisfait si on veut qu'il accepte de se séparer pour la nuit.

Dans le but de favoriser et de faciliter un changement chez l'enfant qui a des comportements désagréables, il faut trouver une façon nouvelle de répondre à ses besoins. On peut lui dire : « Je crois que tu as besoin de mon attention et que tu as raison de la rechercher, mais la façon dont tu la demandes est désagréable. Je vais te consacrer, et à toi seul, davantage de temps, et tu n'auras plus à te comporter d'une façon désagréable. » L'enfant apprend ainsi à reconnaître son besoin et à le nommer.

Arroser les fleurs, pas les mauvaises herbes, tel est le titre d'un livre écrit par Fletcher Peacock. Les fleurs, ce sont les comportements positifs de l'enfant qu'il faut voir se multiplier. Quant aux mauvaises herbes – erreurs, oublis et comportements dérangeants de l'enfant – mieux vaut ne pas les entretenir.

***

Un moment de réflexion

- Prenez-vous le temps de penser aux comportements désagréables que votre enfant répète ?
- Quand vous le faites, vous demandez-vous s'il gagne quelque chose en les adoptant ?
- Vous arrive-t-il de féliciter votre enfant quand il adopte un comportement positif, comme se mettre au lit facilement et être de bonne humeur le matin ?

Le besoin d'aimer et d'être aimé

Chacun porte en soi un besoin d'amour. Nous voulons que quelqu'un se soucie de nous et nous désirons aussi nous soucier de quelqu'un. Pour satisfaire ce besoin, qui est celui d'être écouté, respecté et apprécié, nous recherchons tous au moins une personne dont nous nous sentons proches, une personne qui change notre vie, aux yeux de qui on se sent spécial et pour laquelle nous apportons aussi un changement. Ce besoin est parfois difficile à combler chez les enfants qui ont été négligés ou mal aimés, puisqu'il leur manque souvent les aptitudes sociales et les comportements qui en feraient des individus dont on veut se rapprocher. Pourtant, il n'y a pas d'autre voie que de les aimer pour qu'ils aient envie de se comporter d'une façon plus agréable.

L'enfant qui mord, tape, pousse, fait des crises et n'écoute pas les consignes en famille ou à la garderie exprime quelque chose. En fait, il manque souvent de mots pour exprimer ses désaccords et ses frustrations, et il a appris que ces comportements attirent à coup sûr l'attention de l'éducatrice. Or, on constate que ces comportements désagréables disparaissent assez rapidement, généralement en moins de deux semaines, lorsque les parents et les éducatrices répondent plus adéquatement au besoin d'amour de l'enfant, notamment en lui consacrant plus de temps et en faisant en sorte qu'il se sente important et aimé.

« Penses-tu que je t'aime ? »

Si votre enfant répond par l'affirmative à cette question, demandez-lui comment il se sent aimé, quelles paroles et quels gestes lui font sentir que vous l'aimez et qu'il compte pour vous. Vous constaterez qu'il y a toujours dans ses réponses un investissement de temps et d'attention de votre part.

Le temps d'exclusivité

Nous n'avons rien de plus important à offrir à ceux qu'on aime que notre temps. Si on ne consacre pas du temps de qualité aux personnes aimées, le reste n'est que mots. Et les mots sont insuffisants pour dire l'amour.

Le docteur Russell Barkley a développé un outil exceptionnel qu'il appelle « la thérapie par le jeu ». Cet outil permet de combler en partie les besoins d'un enfant et lui fait vivre le sentiment d'être important pour ses parents. En voici une adaptation, dans un jeu que j'ai appelé « le 20 minutes ». Chez les tout-petits, il est connu sous l'appellation « le temps de jeu avec sonnerie », puisque c'est une sonnerie qui y met fin.

Voici en quoi consiste « le 20 minutes ».

- Dites à votre enfant qu'à partir de maintenant vous aurez avec lui des périodes de jeux exclusives, en tête à tête, qui dureront 20 minutes. Pour l'enfant qui n'a pas encore la notion du temps, dites-lui qu'une sonnerie indiquera la fin de ces périodes de jeu.

- Déterminez chaque semaine trois périodes de 20 minutes que vous passerez avec votre enfant.

- Ce temps doit être consacré exclusivement à votre enfant. Un seul enfant à la fois (*besoin d'amour*).

- Il est interdit de regarder la télévision ou de jouer à des jeux électroniques durant cette période.

- Vous ne répondez ni à la porte ni au téléphone (*besoin de sécurité*).

- C'est l'enfant qui décide du jeu et des règles. C'est à son tour de décider (*besoin de liberté et besoin de plaisir*) !

- Laissez-vous guider par votre enfant.

- Regardez-le faire et participez s'il le demande.

- Ne posez pas de questions et ne faites pas de suggestions.

- Occasionnellement, donnez du renforcement positif à votre enfant. Si vous appréciez ce moment, dites-le-lui (*besoin de compétence*).

- Arrêtez-vous, comme convenu, après 20 minutes (*besoin de sécurité*).

- Cette période de temps est inconditionnelle (*besoin d'amour*).

Voici maintenant les questions les plus fréquemment posées à propos de cet exercice.

- *Je reste à la maison et je joue plusieurs heures par jour avec mes enfants. Faut-il en plus que je planifie un 20 minutes?*

  - Oui, car il ne s'agit pas de la même chose. Ce 20 minutes est un temps concentré, un temps exclusif et de qualité. Vous avez les yeux et votre attention sur votre enfant pendant 20 minutes. Vous lui accordez toute votre attention. Les parents qui commencent leur journée par ce temps de jeu avec leur enfant se rendent compte que ce dernier joue seul le reste de la journée, ses besoins affectifs ayant été comblés durant cette période de jeu. Le but de cet exercice est de combler le besoin d'amour et d'attention de l'enfant comme son besoin de plaisir et son besoin de liberté. De plus, son besoin de compétence est satisfait et la limite de temps, 20 minutes, le sécurise.

- *Si mon enfant veut dépasser le 20 minutes, puis-je le faire?*

  - Non, car si vous dépassez cette période de temps, cela n'aura pas la même efficacité. Après 20 minutes, vous commenceriez à penser aux tâches que vous avez à effectuer et votre attention serait nécessairement moindre. Un peu comme lorsque vous êtes en train de parler avec quelqu'un et que vous réalisez qu'il n'est pas totalement présent et attentif… Il faut une attention exclusive et totale pendant 20 minutes. De plus, nous répondons au besoin de sécurité de l'enfant en lui imposant cette limite ; il sait quand cela commence et se termine. S'il veut continuer, dites-lui qu'il y aura d'autres 20 minutes. Ce qui ne vous empêche pas à un autre moment de jouer librement avec votre enfant. S'il fait une crise, laissez-le faire et mettez des mots sur ses émotions. « Je sais que tu aimes beaucoup ces moments que nous partageons tous les deux, mais la règle, c'est qu'on arrête avec la sonnerie. On recommencera demain. »

- *Si je joue en même temps avec mes deux enfants, est-ce que le résultat est le même ?*
  - C'est comme si votre amoureux vous invitait au restaurant avec une de vos amies. Le besoin d'exclusivité et d'intimité n'est pas satisfait. L'exclusivité est importante pour l'enfant, elle diminue la rivalité et la jalousie entre eux. Chacun a le sentiment d'avoir sa place à lui tout seul avec vous.

- *Que faire si mon enfant veut toujours reprendre le même jeu (cartes, échecs…) ?*
  - On reprend le même jeu, car le but est de combler l'enfant, de lui faire plaisir même si certains parents ont très peu d'intérêt pour les cartes par exemple.

- *Si mon enfant veut changer les règles du jeu, dois-je accepter ?*
  - Oui, durant le 20 minutes, car c'est lui qui mène durant cette période. Dites-lui qu'en dehors des 20 minutes, il devra respecter les règles habituelles.

- *Mon enfant ne sait pas quoi décider et me demande de le faire à sa place. Que faire ?*
  - Insister pour qu'il décide. S'il ne veut pas, proposez-lui de laver un plancher avec de petites éponges ou une autre tâche peu intéressante. Il décidera sûrement la prochaine fois et ce sera bon pour sa confiance en lui.

- *Pour mon enfant de 2 ans qui n'a pas encore la notion du temps, le 20 minutes ne veut rien dire. Que faire?*

  - Quand il joue, installez-vous près de lui pendant 20 minutes et dites-lui que c'est un temps spécial qui se terminera avec la sonnerie. Regardez-le jouer et donnez-lui toute votre attention. Participez s'il le demande et dites-lui ce que vous appréciez. Cet exercice peut se faire dès l'âge de 6 mois: on regarde le bébé et on entre dans son monde en faisant les mêmes sons que lui, les mêmes mimiques et il se sent important.

- *Je doute que ma fille de 13 ans accepte que je joue 20 minutes avec elle. Comment faire?*

  - Dans ce cas, évitez de lui dire: «Maman veut jouer 20 minutes avec toi.» Intéressez-vous à ses goûts musicaux, à ses activités. Quand elle est en train de faire quelque chose, assoyez-vous près d'elle et accordez-lui toute votre attention pendant 20 minutes. L'idée est de faire en sorte d'entrer dans le monde de l'autre, d'être en relation avec l'enfant et qu'il se sente important. Proposez des activités qui lui plaisent.

- *Si mon enfant se comporte de manière désagréable, puis-je retirer le 20 minutes que je lui avais promis?*

  - Vous avez promis à votre enfant ce temps et, même s'il a eu des comportements désagréables durant la journée, il est important de tenir votre promesse. Ainsi, il apprendra qu'il peut vous faire confiance et il sentira que vous l'aimez de façon inconditionnelle. Vous pouvez lui dire: «Je n'aime pas comment tu as agi aujourd'hui, j'ai moins envie de passer ce temps avec toi, mais toi, je t'aime toujours». S'il a agi de façon désagréable, c'est que quelque chose ne tournait pas rond et qu'un ou plusieurs de ses besoins n'étaient pas satisfaits. Il a donc besoin de ce temps de qualité avec vous, aujourd'hui plus que tout autre jour.

- **Dois-je absolument faire ce 20 minutes plusieurs fois par semaine?**

  - C'est ce que l'on recommande pour combler en partie les besoins affectifs de tout enfant. Par ailleurs, on suggère au parent qui vit des difficultés avec son enfant de le faire cinq fois par semaine. Quand votre enfant ne veut pas écouter ni collaborer, vous perdez beaucoup de temps et d'énergie avec lui. L'enfant qui recherche toujours l'attention montre qu'il en manque. Donnez-lui-en, avant qu'il vienne la chercher de façon désagréable. Pour votre relation et pour l'estime de soi de chacun, c'est avantageux. Plus vous comblerez les besoins de vos enfants, plus ils seront respectueux des vôtres.

- **À quoi jouent les parents au cours de ces 20 minutes?**

  - Au cours de ces 20 minutes d'exclusivité, certains pères découvrent les poupées tandis que des mères se mettent à jouer au hockey.

    Éric et David, âgés de 14 et 15 ans, occupent leurs «20 minutes» en jouant au ping-pong avec leur père.

    Mathieu fabrique avec son père des arcs et des flèches; ils visent ensemble des cibles que Mathieu a choisies lui-même.

    Éloïse fait sauter ses parents à la corde.

    Loïc possède une centaine de petites voitures et il en prête une à son père durant le temps de jeu tandis qu'il s'éclate avec les 99 autres. On peut penser qu'il prend le contrôle.

Certains enfants ne veulent qu'être regardés par leurs parents sans qu'il y ait interaction, d'autres changent de jeu cinq fois durant le «20 minutes». Il faut se rappeler que le but est de faire plaisir à l'enfant et de faire en sorte qu'il sente qu'il est important pour vous.

Peu importe l'âge de l'enfant, tous les parents constatent que les enfants collaborent davantage après quelques périodes de jeu et que plusieurs difficultés disparaissent sans que cela nécessite d'interventions directes sur le comportement.

Avec cet exercice, chacun des besoins affectifs de l'enfant est comblé. Son **besoin de sécurité** est satisfait par la limite de temps et par le fait que rien ne vient lui enlever son temps d'exclusivité avec vous, ni le téléphone ni l'intervention d'un autre enfant. Son **besoin d'amour** l'est aussi par l'importance que vous lui accordez et par la qualité de la relation que vous établissez avec lui durant ce temps. Son **besoin de liberté** est comblé puisque c'est lui qui décide durant cette période et qu'il peut choisir l'activité. Le **besoin de plaisir** est également satisfait puisqu'il choisit une activité lui procurant du plaisir. Quant à son **besoin de compétence**, vous le comblez en lui faisant part de ce que vous observez : « Je vois que tu sais t'organiser, tu as placé le camion ici, les matériaux là… » ou encore « Je me rends compte de ta capacité à décider des règles du jeu. » Dites-lui de ce que vous aimez : « J'aime les couleurs que tu as choisies, cela me fait penser à l'automne ».

L'image d'une étoile illustre de façon très simple les cinq besoins affectifs. Chacune des cinq branches de l'étoile représente un besoin : amour, compétence, liberté, plaisir et sécurité. Lorsque ces cinq besoins sont comblés, l'enfant rayonne !

De la même façon, lorsque l'un de ces besoins n'est pas satisfait, il manque une branche à l'étoile de l'enfant. Celui-ci est handicapé sur le plan affectif. Il faut y voir et lui permettre de rayonner à nouveau, de bien fonctionner.

Écouter et nommer

Pour que l'amour existe, il faut qu'il y ait des gestes qui s'y rattachent, comme celui d'écouter l'enfant et de l'aider à mettre des mots sur ce qu'il ressent. On a souvent plus d'effet sur l'autre par notre façon d'écouter que par ce que l'on dit. Plus nous écoutons notre enfant, plus nous sommes en mesure d'entendre le message réel qui est caché derrière ses mots.

Pourquoi est-il si important d'écouter l'enfant ainsi que de reconnaître et d'accepter ses émotions? Parce que, ce faisant, nous lui prouvons que nous le considérons comme une personne unique, qui peut exprimer librement ses émotions, sans aucune forme de jugement et d'interprétation de notre part. Lorsqu'il perçoit que le parent valide son émotion, l'enfant accepte plus facilement la limite, la sanction ou la réparation. L'acceptation de ce qu'est l'enfant, de ce qu'il ressent et de ses différences suppose de notre part un point de vue qu'on peut qualifier d'impartial.

Souvenons-nous que notre propre capacité à exprimer nos sentiments et nos émotions est essentielle pour aider l'enfant à dire les siens. Ne sommes-nous pas ses modèles?

Lorsque le parent est capable d'entendre et d'accueillir les sentiments de son enfant, il l'aide à mieux se sentir. Lorsque l'enfant se sent bien, il se comporte bien. Il se sait compris et, en plus, il apprend à se fier à ce qu'il ressent. Quand un parent accueille les sentiments d'un enfant, il lui permet d'être en contact avec ses sentiments, en lien avec sa réalité intérieure.

Si nous souhaitons que notre enfant apprenne à satisfaire adéquatement ses besoins, il faut d'abord l'aider à les reconnaître. Apprenez-lui à mettre des mots, à dire ce qui l'habite et l'anime, et vous lui permettrez de vivre des relations plus authentiques, plus saines et plus satisfaisantes tout au long de sa vie. En plus d'outiller votre enfant, vous aurez permis qu'il se sente important et compris, donc plus enclin à collaborer.

Puisque nous sommes nécessairement des modèles, plus grande est notre capacité à exprimer nos sentiments et nos besoins, plus grande sera la sienne. L'enfant agressif, violent, celui qui mord, qui frappe, qui pousse, qui crie, qui tombe en crise, manque de mots pour nommer ce qu'il ressent. Il en est de même pour ces adolescents qui ne parlent pas ou qui parlent trop fort.

***

Un moment de réflexion

- Vous arrive-t-il de demander à votre enfant s'il sait que vous l'aimez et comment il le sait ?
- Quand vous souhaitez qu'il se sente aimé, savez-vous quoi faire ?
- Avez-vous fixé trois périodes de 20 minutes que vous passerez avec votre enfant dans la prochaine semaine ?
- Que pensez-vous que ces périodes d'exclusivité vous apporteront ?
- Nommez trois sentiments (colère, peine, frustration, impatience…) que vous vous sentez capable d'exprimer librement.
- Quels sont, à votre avis, les trois sentiments que votre enfant laisse voir le plus fréquemment ?

***

Le besoin de sécurité

Le besoin de sécurité affective est satisfait lorsque l'enfant perçoit son entourage comme étant protecteur et bienveillant, lorsqu'il se sent à l'abri des menaces.

Pour satisfaire ce besoin, l'enfant doit savoir que ses parents sont là, présents régulièrement pour lui, sensibles à ses attentes et capables d'y répondre ou de l'aider à le faire. Le fait de savoir que ses besoins seront très bientôt satisfaits et qu'il n'a pas à faire des pieds et des mains pour qu'on lui accorde un peu d'attention sécurise l'enfant et lui donne le sentiment d'être important.

Mieux vaut ne pas oublier qu'un besoin réel de sécurité qui n'est pas satisfait pendant une longue période de temps engendre de la souffrance et que, de là, découlent parfois des comportements inacceptables.

Lorsque l'enfant vit dans un environnement ordonné, stable et prévisible, il se sent en sécurité. Lorsque les règles sont claires et qu'il y a une intervention des parents à chaque manquement, une conséquence à son geste, cela le sécurise. Il comprend que ses parents vont réagir et il connaît d'avance la réponse : ses parents sont prévisibles. Ils demeurent fermes sur les règles essentielles et souples si c'est de moindre importance. Par ailleurs, les éléments de routine, le rituel et l'horaire augmentent le sentiment de sécurité.

 Tous les matins, Anne-Marie et Michel demandaient à plusieurs reprises à leur fils Jasmin, 10 ans, de se lever, de s'habiller, de venir manger, de se brosser les dents, de se préparer pour l'école... Ils finissaient par le menacer de le priver de ses jeux vidéo s'il ne collaborait pas davantage. Sur la recommandation d'une psychologue, ils ont d'abord pris le temps de répondre aux besoins affectifs de Jasmin, de l'écouter, de le valoriser... Deux semaines plus tard, il y eut une grande amélioration. Dans un deuxième temps, ils se sont employés à l'aider à devenir responsable. Pourquoi Jasmin aurait-il pensé à assumer ses responsabilités si sa mère et son père pensaient à sa place et réalisaient pratiquement tout ce qu'il devait faire lui-même. Ils décidèrent donc d'établir un rituel.

Jasmin devait se lever, avec un réveille-matin si ses parents avaient à lui dire plus d'une fois, puis faire son lit, s'habiller, manger et se brosser les dents. S'il lui restait du temps avant son départ pour l'école ou la garderie, il pouvait vaquer aux occupations de son choix. Jasmin était au courant qu'on ne lui répéterait plus les consignes et que c'était sa responsabilité d'être à temps, sinon il y aurait une tâche domestique à faire, le soir venu, pendant une période équivalente. Après avoir dû vider le lave-vaisselle un soir, un redressement spectaculaire s'opéra dès le lendemain matin !

Le rituel du coucher est important pour sécuriser l'enfant et il favorise un bon sommeil. Avec les mêmes gestes, faits dans la même séquence tous les soirs, y compris les soirs de fin de semaine, vous constaterez que votre enfant se pliera au dodo beaucoup plus volontiers. Il ne se posera plus de questions puisqu'il connaît déjà les réponses et il sait qu'il doit quitter le parent pour la nuit.

> Le parent qui ramène son enfant dans son lit et qui lui chante une autre chanson le récompense en quelque sorte de s'être relevé et l'encourage à répéter son manège. Il en allait ainsi avec Laurence. Fatigués par ce manège, ses parents ont commencé par lui accorder des « 20 minutes » d'exclusivité trois fois par semaine avant de mettre en place une routine. Le premier soir, ils l'ont ramenée cinq fois dans son lit. Le deuxième soir, Laurence s'est relevée une seule fois pour éprouver la nouvelle consigne et depuis elle ne se relève plus. Elle a appris où se situe la limite et cela la rassure de savoir où elle doit s'arrêter.

En prévoyant et en expliquant à l'avance les changements de routine, d'horaire, de règles de fonctionnement et les absences, on contribue à rassurer l'enfant. Parfois, de peur que l'enfant ressente de la colère, de la frustration ou de la peine, le parent évite de l'aviser de son départ ou fait en sorte de partir en cachette. En plus d'avoir de la peine, l'enfant ne peut plus s'en remettre à son parent en toute confiance. Il ne s'agit donc pas d'une bonne façon de faire.

Mettre des mots sur les événements, cela sécurise également l'enfant. S'il n'y a pas de mots pour parler de l'état de santé du grand-parent en phase terminale, du divorce imminent, du déménagement ou du changement d'école, l'enfant ressent le non-dit. Le fait de ne pas en parler peut être vécu par l'enfant comme un manque de confiance en ses capacités de vivre ce changement ou ce deuil. Il est bien entendu que l'information doit être adaptée à son stade de développement; mais cela ne signifie pas qu'il faille dissimuler ou mentir. Nous n'avons pas à tout dire, mais plutôt à transmettre les sentiments qui nous habitent si nous voulons que l'enfant apprenne à dire les siens. En parlant de ses sentiments, le parent encourage son enfant à en faire autant et cela l'aide à devenir plus humain, plus sensible aux autres.

Il est important de dire la vérité à son enfant et d'être authentique. Si vous êtes en colère et que vous parlez doucement, vous manquez une belle occasion d'être congruent. Lorsque vous répétez pour la cinquième fois d'éteindre le téléviseur, permettez-vous de dire: «Ça me met en colère de répéter plusieurs fois. Si je ne me retenais pas, je me débarrasserais du téléviseur.» L'enfant apprend ainsi à reconnaître vos émotions et à valider les siennes. Un discours contraire à votre véritable humeur le perturbe au point qu'il peut nier ses propres sentiments.

Il vous appartient de discuter avec votre enfant de ses relations avec les autres (amitié aussi bien qu'intimidation et rejet) en vue de dégager des solutions et de le sécuriser. Vous pouvez également échanger sur différentes situations qu'il risque de vivre: «Si tu perdais la clé de la maison, quelle serait ta réaction?», «Si quelqu'un t'intimidait sur le chemin du retour, quelle serait ton attitude?», «Si un incendie se déclarait dans la maison et que tu étais seul, que ferais-tu?» L'enfant apprend ainsi à mieux affronter ces différentes situations en s'habituant mentalement à les résoudre.

Enfin, vous devez enseigner les règles fondamentales de sécurité et vous assurer que votre enfant demandera de l'aide de son entourage s'il en a besoin.

Des facteurs d'insécurité pour l'enfant

Le parent qui n'intervient pas à chaque manquement ou qui n'est pas constant dans son approche augmente le sentiment d'insécurité chez son enfant. En effet, l'absence de règles rassurantes est génératrice d'insécurité. Celui qui répond sans discernement aux demandes répétées de l'enfant et qui s'exaspère, qui élève la voix, ou celui qui a des accès de colère et des écarts excessifs d'humeur insécurise aussi l'enfant qui ignore, lui, qu'il ne s'agit que d'une perte de maîtrise temporaire et inoffensive. Il arrive que l'enfant ait peur et qu'il se sente réellement en danger. Quel est le parent qui souhaite vraiment faire peur à son enfant ? Au chapitre traitant de la réparation (voir en page 91), nous verrons comment réparer le tort ainsi causé à l'enfant.

Les menaces provoquent de l'insécurité chez l'enfant au même titre que les attentes trop élevées des parents. Il faut toujours tenir compte du stade de développement de l'enfant ainsi que de ses forces et de ses limites.

Un trop grand nombre de changements simultanés dans la vie de l'enfant l'insécurise et lui fait vivre beaucoup de stress.

Les parents d'Éric se sont séparés. Celui-ci ne voit plus son père qu'une fin de semaine sur deux alors qu'ils étaient inséparables. En même temps, il a déménagé avec sa mère et il a dû changer d'école. Il a perdu ses amis et il peine à s'en faire de nouveaux. Enfin, il a dû se séparer de son chien qui n'était pas admis dans le nouvel appartement. N'y a-t-il pas là un trop grand nombre de changements simultanés ? Éric est-il en mesure de vivre autant de deuils en si peu de temps ?

L'enfant qui manque d'attention et qui ne sait pas quand son parent lui en accordera vit une grande insécurité. De là l'importance de vivre avec lui des périodes d'exclusivité, des « 20 minutes » par exemple. Il est sécurisant pour un enfant de savoir qu'il aura bientôt toute l'attention de son parent.

Le parent qui, pour punir l'enfant, le prive de ses jouets ou de ses activités préférés développe chez lui un sentiment d'insécurité auquel se mêlent parfois un sentiment de haine et un désir de vengeance. Nous reviendrons sur cette question au chapitre traitant de la réparation.

En définitive, lorsque le besoin de sécurité n'est pas satisfait, le développement affectif de l'enfant et son estime de soi s'en trouvent affectés.

***

Un moment de réflexion

- Pensez aux situations dans lesquelles il vous arrive d'exprimer votre colère avec des cris ou des comportements préjudiciables à votre enfant.
- Qu'entendez-vous faire la prochaine fois que vous serez en colère pour préserver le sentiment de sécurité de votre enfant ?

***

Le besoin de compétence

Le besoin de se sentir compétent et de bien faire les choses est présent en chacun de nous. Nous avons tous besoin d'être reconnus pour nos habiletés, nos capacités, nos forces et notre apport à la famille ou au groupe dans un domaine donné.

Chacun (enfant, adolescent ou adulte) a besoin de sentir qu'il a de la valeur. Pour satisfaire ce besoin, il faut expérimenter des réussites, atteindre les objectifs fixés et sentir que des personnes auxquelles on attache de l'importance le reconnaissent.

Que faire en ce qui concerne notre enfant ? D'abord, nous devons reconnaître la personne qu'il est, de même que ses réussites. Autrement dit, ce qu'il est et ce qu'il fait. De plus, en l'aidant à vivre de nouvelles expériences et à courir certains risques, nous pouvons contribuer à renforcer son sentiment de compétence.

Voici quelques situations dans lesquelles vous pouvez favoriser le sentiment de compétence de votre enfant.

- Dire du bien de lui devant son autre parent, devant les grands-parents ou tout autre adulte qui compte à ses yeux.

- Souligner, par exemple par un tableau d'affichage, ses réussites scolaires, sportives, artistiques ou autre.

- Le faire participer aux tâches ménagères.

- Le faire participer, au moment du repas du soir, à un tour de table au cours duquel il nomme, comme les autres, deux réalisations dont il est particulièrement fier.

- Ne pas craindre de lui dire que vous êtes fier de lui. Il apprendra peu à peu à agir pour son propre bénéfice, à être fier de lui-même, à ne pas dépendre des autres ou du regard des adultes pour s'accorder de la valeur.

« *Tu es capable* »

La surprotection nuit au sentiment de compétence. Notre rôle premier, en tant que parents, consiste à rendre nos enfants autonomes, à leur apprendre à se passer de nous. Comment les aider à devenir des personnes distinctes et indépendantes ? En les laissant chercher eux-mêmes, le plus souvent possible, des solutions à leurs problèmes, en les laissant apprendre de leurs erreurs et en les laissant faire ce qu'ils sont capables de faire.

Toutefois, les parents doivent faire attention, car il est plus facile le matin, quand le temps presse, d'aider l'enfant à s'habiller plutôt que le laisser faire seul. Il est plus facile de lui dire quoi faire et comment le faire plutôt que le regarder faire des erreurs. Sur le moment, l'enfant est content que vous le fassiez pour lui ; toutefois, si cela se répète souvent, cela entraîne chez lui un sentiment d'incapacité et d'impuissance, une baisse de son estime de soi et, à la longue, du ressentiment et de la frustration. Vous le privez d'une occasion de développer son sentiment de compétence, de ressentir qu'il est « capable ».

Pierre-Luc, 6 ans, a énormément de difficulté à se séparer de Josée, sa mère, pour aller à l'école. Il arrive même que l'école téléphone à Josée, car son fils la réclame. Elle vient à l'école et, comme il est très bouleversé, elle le ramène à la maison pour le reste de la journée. Or, Josée fait tout pour son fils. Du lever au coucher, elle lui sert son petit-déjeuner, choisit ses vêtements, prépare sa collation et son sac d'école. Elle ne travaille pas à l'extérieur afin qu'il puisse venir manger à la maison le midi. Au retour de l'école, elle prend en charge les devoirs et les leçons, elle le fait réfléchir et réciter, lui donne son bain au cas où il ne ferait pas ça correctement et le berce pour l'endormir le soir. Pierre-Luc est tout simplement désemparé et totalement démuni lorsqu'elle n'est pas près de lui. Il ne va jamais seul chez des amis, n'a jamais dormi ailleurs sans ses parents, pas même chez ses grands-parents.

Josée se doute bien que quelque chose ne va pas. Aussi décide-t-elle d'aller consulter, car elle veut le bien de son fils qu'elle aime sincèrement. Se rendant compte qu'elle lui nuit, elle se dit prête à l'aider à se passer d'elle, à le rendre autonome. Au cours de ses premières rencontres avec l'intervenante, elle apprend peu à peu à répondre aux besoins affectifs de son fils sans le surprotéger. Puis, croyant que son fils est prêt pour d'autres changements, elle lui apprend graduellement à faire lui-même tout ce dont il est capable, s'habiller, préparer son sac d'école, faire une partie de ses devoirs, préparer sa collation et même faire son lavage. En effet, un enfant qui sait manipuler les boutons d'ordinateur peut facilement manipuler ceux de la laveuse et de la sécheuse! Il est même capable de s'endormir seul.

Josée n'est pas sans s'étonner de voir à quel point son fils prend plaisir à faire toutes ces choses: il semble fier de lui, fier d'être capable d'en faire autant et demande même à exécuter des tâches qu'il n'a jamais accomplies auparavant. Bref, il découvre à quel point il est bon de se sentir capable et de savoir qu'il n'est plus dépourvu quand sa mère n'est pas près de lui. Autrement dit, il découvre le sentiment de compétence. Il apprend à penser par lui-même et à faire les choses par lui-même. Quant à Josée, après s'être sentie inutile, elle se découvre d'autres rêves pour elle et ses enfants, des rêves de liberté.

De crainte que nos enfants vivent des difficultés, on planifie tout, on s'occupe de tout. Avec le résultat que, lorsqu'ils se retrouvent face à des difficultés, ils se sentent incapables. On oublie de leur faire confiance, de croire en leur capacité de prendre peu à peu leur vie en main. Or, ils sont « capables ».

Le droit à l'erreur

Il est important que votre enfant comprenne que, tout comme vous, il a droit à l'erreur. Pour cela, ne vous traitez pas d'incapable lorsque vous commettez une erreur et faites bien sentir que ce n'est pas grave, que vous allez recommencer et finir par réussir. Racontez à votre enfant l'histoire de Thomas Edison qui s'est repris 1 200 fois avant de mettre au point l'ampoule électrique. À une journaliste qui lui faisait remarquer qu'il avait échoué 1 200 fois avant de réussir, il répondit: « J'ai RÉUSSI à inventer l'ampoule en 1 200 étapes ! » Apprenez à votre enfant que l'erreur est une étape vers la réussite et aidez-le à trouver des stratégies qui l'amèneront au succès.

Lorsque le besoin de compétence n'est pas satisfait

Lorsqu'un enfant ou un adolescent a le sentiment d'être incompétent parce qu'il a vécu trop d'échecs ou parce qu'on n'a pas suffisamment reconnu sa valeur et ses forces, il l'exprime souvent en s'opposant, en devenant insolent, démotivé, dérangeant, inconstant, dénigrant envers lui et les autres. Il est convaincu de son incapacité. Au contraire, le rôle du parent est de reconnaître les capacités de son enfant, de lui apprendre à refuser la dévalorisation et de l'aider à s'affirmer sur tous les plans, y compris sur le plan social.

***

Un moment de réflexion

- Pensez aux situations dans lesquelles vous exprimez votre fierté à votre enfant.
- Dans quelle autre situation particulière pourriez-vous aider votre enfant à combler son besoin de compétence?
- Que pourriez-vous dire à votre enfant au moment du coucher pour montrer que vous l'appréciez?
- Y a-t-il des stratégies de réussite que vous pourriez aider votre enfant à acquérir? Si oui, lesquelles?

***

Le besoin de liberté

Le besoin de liberté est étroitement lié à la capacité de faire des choix. Il est donc important d'aider son enfant à prendre conscience des nombreux choix qu'il fait chaque jour. S'il est conscient de cette situation, il acceptera davantage que vous en fassiez certains pour lui.

Par exemple, si vous lui laissez choisir le conte à lire au moment du coucher, il acceptera plus facilement que vous décidiez de l'heure de se mettre au lit. S'il doit nécessairement se coucher, il peut tout de même faire certains choix dans son horaire. De la même façon, il n'a pas le choix d'aller ou non à la garderie, mais il peut choisir la couleur de son pantalon. Ce choix peut combler son besoin de liberté. Il doit également s'habiller pour aller dehors, mais il peut choisir de mettre son chandail ou ses pantalons en premier.

Plus l'enfant grandit, plus il doit être responsable de certains choix. Ainsi, l'enfant de 10 ans est en mesure de choisir ses vêtements, au même titre que l'adolescent peut décider de ranger sa chambre ou de garder la porte de sa chambre fermée. Il peut choisir ses amis, mais il doit faire respecter les règles en vigueur dans la maison, même si ses amis ont appris des règles différentes.

On peut laisser son enfant choisir dans bien des domaines. On peut le laisser choisir sa place à table, à l'occasion le menu, une activité en famille, un film, l'horaire de ses travaux et activités à la maison, l'aménagement de sa chambre, les amis à inviter à la maison, la façon de marquer son anniversaire et avec qui... Lorsqu'on lui consacre un 20 minutes de jeu en exclusivité, il faut lui permettre de faire le choix de l'activité. Cet exercice comble son besoin de liberté. On peut aussi lui laisser décider de la façon dont il exécute certaines tâches comme se peigner, ranger sa chambre (est-ce si important que les livres soient sur la tablette du haut?), faire ses devoirs. Il peut d'ailleurs choisir l'endroit où il les fait, par quelle matière il commence. S'il doit prendre son bain, peut-il choisir le moment, avant de jouer ou après?

Est-ce si important que votre adolescent porte sa chemise à l'intérieur de son pantalon ou que votre fille mette sa blouse neuve pour aller chez sa grand-mère. Demandez-vous si c'est si important, et si votre réponse est négative, mieux vaut laisser faire et garder vos interventions pour les choses essentielles qui vont à l'encontre des valeurs que vous voulez transmettre et des règles que vous désirez édicter dans la maison.

Qu'en est-il de la liberté d'expression? S'exprimer librement dans un climat de respect répond au besoin de liberté que chacun ressent. Il importe donc d'encourager les divergences d'opinions, de donner à l'enfant l'occasion d'exprimer ses opinions, ses idées et ses expériences. Lorsque votre enfant vous interroge, demandez-lui aussi ce qu'il en pense. Cela lui apprendra à réfléchir et lui fera sentir qu'il est important et intéressant. Il ne faut pas oublier que lorsque les enfants posent une question, c'est qu'ils ont déjà amorcé une réflexion. Aidez-les à poursuivre leur réflexion en leur retournant la question.

Voici maintenant une série d'attitudes parentales susceptibles d'aider votre enfant à vivre pleinement son besoin de liberté.

N'intervenez pas dans ses activités

L'une des meilleures façons d'aider son enfant à satisfaire son besoin de liberté consiste à ne pas intervenir dans ses activités. Par exemple, laissez-le libre de construire son château de sable où il veut et comme il le souhaite et n'intervenez pas, même si vous avez les meilleures intentions du monde. L'enfant doit sentir qu'il est suffisamment habile pour concevoir et réaliser son projet. Votre silence lui dit que ce qu'il fait est bien, que vous acceptez qu'il fasse les choses à sa manière et qu'il peut résoudre les difficultés en trouvant ses propres solutions.

Au sujet du « OUI » et du « NON »

Le « non » est une période nécessaire à l'enfant et à l'adolescent. Lorsque l'enfant de 2 ans touche à tout et grimpe partout, il commence à entendre dire « non » et il comprend le pouvoir lié à ce mot. Il se met donc à l'utiliser pour s'affirmer et s'opposer tout comme il le fera à l'adolescence.

Par ailleurs, chaque fois que le parent dit « non », il rappelle à son enfant qu'il détient le pouvoir. Le « non » augmente son sentiment d'impuissance... ainsi que son envie de défier et de s'opposer davantage. Moins il y a de « non » et plus l'enfant les respectera quand ils se feront entendre. Quoi qu'il en soit, si vous lui dites « non », donnez-lui la raison et ne changez pas d'idée.

Quant au « oui », c'est un langage d'acceptation. Plus on l'emploie, plus on encourage l'enfant à continuer à demander ce qu'il désire ou ce dont il a besoin.

Votre enfant vous demande s'il peut aller jouer chez son ami. Au lieu de lui répondre « Non, puisque tu n'as pas rangé ta chambre », dites-lui plutôt « Oui, dès que ta chambre sera rangée ».

Lorsqu'il vous demande un biscuit avant le dîner, plutôt que de lui répondre « Non, on va manger », dites-lui plutôt « Oui, dès que tu auras terminé ton repas ».

Sur le même plan, il s'avère important de permettre à l'enfant de nous dire «non». «Veux-tu prêter ton jeu à ta sœur?» Donnez-lui le droit de dire «Non, ce jeu est trop précieux pour moi.» «Veux-tu aider ton frère à attacher ses souliers?» «Non, pas maintenant, je suis en train de terminer quelque chose d'important.» Même si nous désirons que notre enfant apprenne le partage et l'entraide, il doit conserver le droit de refuser certaines demandes.

Évitez les enquêtes

Il est important de permettre à son enfant d'avoir une vie en dehors de la maison. Cela ne signifie pas qu'il faut ignorer ce qu'il fait hors de la famille, à l'école par exemple, mais cela veut plutôt dire qu'il faut éviter les enquêtes, qu'il a le droit à une vie extra familiale et qu'il n'est pas obligé de tout raconter à ses parents. L'enfant garde ainsi la liberté de dire ce qu'il a envie de dire, de taire ce qu'il a envie de taire ou ce qui ne lui semble pas important de partager.

«Sois poli, dis merci, sois prudent, ne fais pas ceci, ne dis pas cela, fais attention à...». Lorsque votre enfant se rend chez des amis par exemple, il faut éviter de lui faire toute une série de recommandations. Sinon, il a le sentiment que vous ne lui faites pas confiance. Et il a raison. De plus, n'oubliez pas que ces recommandations, il les connaît probablement par cœur depuis longtemps.

Le besoin de liberté est fondamental, tant chez le petit que chez l'adolescent. En évitant d'exercer un contrôle strict sur ses attitudes et ses activités, on lui permet de s'affirmer et de s'épanouir.

***

Un moment de réflexion

- Essayez de faire avec votre enfant la liste des choix qu'il fait actuellement et de ceux qu'il aimerait faire. Lorsque ces choix ne vont pas à l'encontre de vos besoins ou de vos valeurs, dites « oui ».

- Quelles sont les demandes de votre enfant auxquelles vous pourriez dire « oui » alors que vous y répondez souvent par un « non » ?

- Dans quelles situations répétez-vous les recommandations que votre enfant connaît déjà ? Par quoi pourriez-vous les remplacer ?

***

Le besoin de plaisir

Les enfants jouent aussi souvent qu'ils le peuvent. Cela explique qu'ils apprennent tant avant d'entrer à l'école, plus même qu'au cours des cinq années suivantes. En liant plaisir et apprentissages, on permet à l'enfant de combler plusieurs de ses besoins psychologiques.

Lorsque des parents se demandent comment obtenir la collaboration de leur enfant pour certaines tâches dans la maison, ils n'ont qu'à penser à les rendre « agréables », c'est-à-dire à y mêler le plaisir. Si le plaisir est de la partie, si la tâche devient un jeu, il est facile d'obtenir la collaboration de l'enfant : une comptine pour s'habiller, une chanson pour ranger…

Les enfants ont besoin d'avoir du plaisir et de vivre des moments de connivence avec vous tous les jours. Ils ont besoin de rire, de s'amuser, d'accomplir des activités dans un cadre agréable ; ils doivent avoir du plaisir à apprendre.

***

Un moment de réflexion

- Faites avec votre enfant une liste d'activités qui vous permettraient à tous les deux d'avoir du plaisir à la maison pendant une période de 10 ou 15 minutes. Puis, passez aux actes.
- Prenez le temps de découvrir ce qui fait le plus rire l'un et l'autre, puis multipliez les occasions de le faire !

***

En comprenant bien les besoins de l'enfant, il devient beaucoup moins impérieux d'avoir recours aux moyens de discipline que nous verrons plus loin (réparation, conséquences, retrait).

Les enfants deviennent des collaborateurs. La nature d'un enfant est de faire plaisir à ses parents, dans la mesure où ses besoins sont satisfaits. En enseignant à votre enfant l'existence de ses besoins, vous lui enseignez à être heureux tout simplement et à rayonner dans les différentes sphères de sa vie.

CHAPITRE 2

La discipline, c'est quoi?

Lorsque vous jouez, avez-vous l'habitude de changer les règles à chaque partie? Les règles ne sont-elles pas toujours les mêmes, constantes, quel que soit l'enjeu? Et si quelqu'un veut participer au jeu et qu'il ne connaît pas les règles, qu'allez-vous faire? Vous vous assurerez sans doute de les lui faire connaître. Il en va de même dans le domaine de la discipline et de la vie familiale.

En effet, comme dans un jeu, les règles doivent être claires et constantes tout en entraînant une conséquence lorsqu'elles sont enfreintes. C'est à cette condition que la vie de famille peut se dérouler dans le plaisir et l'harmonie.

Il est relativement facile d'enseigner à l'enfant des règles familiales à observer. Ce qui est plus difficile, c'est de les maintenir et de les faire respecter, surtout quand l'enfant exprime son mécontentement. Ce peut être déchirant de le voir frustré, déçu et même fâché par la barrière que vous érigez pour contenir ses désirs. À court terme, il est tellement tentant et facile de lever cette barrière, d'annuler cet interdit. Toutefois, si vous le faites, l'enfant n'apprendra pas, à moyen et à long terme, à respecter les règles édictées pour le bien-être de la famille, pas plus qu'il sera en mesure de se plier à un quelconque code de conduite à l'extérieur du nid familial. Il tentera toujours de contourner la difficulté et ne voudra jamais d'une barrière pour le contraindre.

La discipline, c'est quoi ? Il s'agit en quelque sorte de mettre des signaux ARRÊTS ou des limites à Laurianne pour la protéger, pour protéger les autres, pour lui apprendre à s'arrêter quand sa conduite est désagréable ou dangereuse. Elle se comportera à la garderie comme on lui enseigne à se comporter à la maison. De même pour Brandon, à qui on rappellera les règles de base pour qu'il développe son plein potentiel. Quant à Tristan, grâce aux limites établies avec respect et amour par son parent, il apprendra à observer les nombreuses lois qui régissent la vie en société. Enfin, Sophie, à l'école, réfléchit désormais aux conséquences d'un geste avant de le poser, et cela, grâce à des limites qui lui ont été imposées à la maison.

La discipline, c'est enseigner à un enfant les règles qui ont cours dans la famille, à l'école, dans la société en général. Le but : supprimer les comportements inappropriés et les réorienter. On atteint plus aisément cet objectif en donnant à l'enfant le sentiment qu'il est respecté, accepté, compris et aimé. Les interventions des adultes se raréfient au fur et à mesure que l'enfant arrive à se dominer. En montrant au petit à réfléchir avant d'agir, le parent s'épargne bien du temps et des énergies.

Les règles et les limites sont l'un des fondements de la famille, de l'école et de la vie en société. Plus tôt l'enfant les intègre, plus facile est son adaptation à ces différents milieux. S'il est facile pour des parents d'édicter une règle, il leur est difficile d'accepter qu'elle frustre l'enfant, que celui-ci en soit malheureux, qu'il réagisse par des crises en s'exclamant par exemple qu'il n'aime plus ses parents. Il serait tellement facile, alors, de céder et de se dire « On essaiera la prochaine fois..., ce n'est pas si grave que ça..., il est encore petit... »

Qu'adviendra-t-il de cet enfant si personne ne lui indique le chemin, ne lui met des limites, des indications pour le ralentir, pour l'arrêter ? Quel avenir attend cet enfant s'il n'y a pas de conséquences lorsqu'il dépasse les limites et enfreint les règles ? Nul doute qu'il se sentira perdu, confus et qu'il sera sans cesse à la recherche d'indications pour se sécuriser. Trop d'adolescents sont aujourd'hui à la recherche de règles qu'ils n'ont jamais eues à respecter, à la recherche de quelqu'un pour les arrêter.

«Ce sont les limites qui donnent forme et énergie à l'homme. Le barrage qui contient la nappe d'eau lui donne force. Sans cette retenue, l'eau se répandra sans puissance ni vigueur. Elle se perdra dans les sables, sans vie.»

Gérard Séverin
Que serait «je» sans «toi»?

En laissant croître la vigne à l'abandon, on risque une faible récolte et un vin de piètre qualité. Si la vigne croît à sa guise, on n'a ni raisin ni vin. En la taillant, en binant, on renforce les plants et on aide la nature. Il faut la tailler et cela n'est pas naturel! De la même façon, si on laisse l'enfant à ses envies, à ses pulsions, on aura un «[…] sauvageon, pas un humain. Il lui faut des limites.» (*Gérard Séverin*).

Pour faire son chemin dans la vie, pour se réaliser pleinement, l'enfant a besoin d'adultes aimants et capables de le guider, de l'accompagner, de lui indiquer la route. Le parent qui veut que son enfant s'affirme et qu'il ait toutes les chances de s'épanouir doit lui inculquer une discipline. Celle-ci rassure l'enfant et elle est essentielle au développement de l'estime de soi.

Encourager le respect des règles

Bien des d'enfants se sentent découragés par manque d'encouragement. Imaginons un enfant qui, au retour de l'école, oublie de ranger son manteau et son sac pour une première fois au cours du mois. À quelle occasion le parent va-t-il parler du manteau et du sac à l'enfant? La réponse va presque de soi. Pourtant, il faut se mettre à la place de l'enfant qui se demande alors si cela vaut la peine de ranger ses affaires. Concevez l'effet sur sa propre motivation si ses parents ne soulignent jamais les efforts qu'il déploie en général et s'ils ne relèvent que l'oubli occasionnel.

De la même façon, si l'enfant revient de la garderie ou de l'école avec une évaluation de comportement pas très reluisante, le parent a le devoir de l'encourager. Comme il est très peu probable qu'il se soit conduit de façon désagréable toute la journée, même si l'évaluation générale est négative, prenez le temps de trouver avec lui ces moments de la journée où il a démontré des efforts louables. Il vous appartient de l'aider à préserver son estime de soi. De plus, demandez à l'enseignant d'inclure dans son rapport des éléments positifs et de vous indiquer quelques pistes qui vous aideront à améliorer le comportement de l'enfant.

Joël était souvent puni, étant incapable de rester assis en classe. À la maison, il se levait plusieurs fois durant le repas. Ses parents décidèrent donc d'inventer un jeu pour l'amener à modifier ce comportement dérangeant. Ils prirent une minuterie et lui dirent qu'ils allaient voir pendant combien de temps il était capable de rester assis pendant les repas. Le lendemain, ils augmentèrent la durée et le félicitèrent du résultat. Après deux semaines de cet exercice à la maison, son comportement devint également satisfaisant à l'école. En utilisant un truc très simple, ils avaient motivé l'enfant à se corriger d'une vilaine habitude et, par ricochet, avaient généré un sentiment de fierté chez leur enfant.

Il est important que les éducateurs et les enseignants reconnaissent les efforts accomplis par les parents. Ceux-ci ont davantage l'habitude de se faire parler des difficultés de leur enfant plutôt que de ses forces. Lorsqu'il se sent reconnu et valorisé, le parent est plus enclin à collaborer avec la garderie ou l'école. Quant aux parents, ils doivent reconnaître à quel point les éducateurs s'engagent auprès de leur enfant.

La discipline, où et quand?

La discipline a sa place partout, à la maison, au centre commercial, chez les grands-parents... Très tôt, votre enfant est au courant des limites que vous établissez, il sait quand vous les maintenez et quand vous avez tendance à les enlever. D'où l'importance d'être constant dans vos messages. Vous aiderez ainsi votre enfant à accepter les règles et les signaux d'arrêt, partout et en toutes occasions, au cours de sa vie.

Quand intervenir? Quand laisser faire?

Des parents ne savent pas trop quand intervenir, alors que d'autres ont l'impression d'être toujours sur le dos de leur enfant. L'essentiel, répétons-le, c'est de se demander, avant même d'intervenir pour superviser ou diriger l'enfant, si l'action qu'on s'apprête à poser est vraiment pertinente. Est-elle nécessaire à la sécurité de l'enfant ou à la défense de nos valeurs et des règles établies? Moins nous intervenons, plus nos interventions sont remarquées; moins nous régissons la vie de notre enfant, plus il risque de nous écouter quand cela est vraiment important. Un excès de contrôle n'apprend pas à l'enfant à se maîtriser, à s'autodiscipliner et à anticiper les conséquences de ses gestes.

Avant d'intervenir, posez-vous les deux questions suivantes.

✓ Est-ce dangereux pour sa sécurité physique, pour celle des autres, pour les objets, pour l'entourage?

✓ Cela aura-t-il un effet sur sa vie actuelle, sur sa vie dans 10, 15 ou 20 ans?

Si vous répondez «non» à ces deux questions, vous devriez vous abstenir d'intervenir et garder plutôt vos interventions pour les comportements qui ne respectent pas les valeurs que vous souhaitez transmettre.

Quant à la première question, il faut bien remarquer que, lorsqu'il y a danger, on agit sans tergiverser et on accourt rapidement. La deuxième question, pour sa part, évoque les valeurs que nous voulons transmettre à nos enfants, comme dans les exemples qui suivent.

Éliana, 5 ans, veut porter le même chandail tous les jours et cela, chaque matin, déclenche l'opposition de ses parents. Ces derniers rencontrent une intervenante qui leur demande si cette situation est dangereuse pour Éliana, pour eux à titre de parents ou pour quelqu'un d'autre. Cette même pratique pourrait-elle avoir un effet sur la vie de leur fille dans 10 ou 15 ans. Ils en concluent que oui, car le fait de porter le même chandail tous les jours va à l'encontre des valeurs d'hygiène et de propreté qu'ils prônent.

En ce qui concerne l'enfant qui oublie à l'occasion de ranger son manteau, il est facile de constater que cela n'aura pas d'impact dans 10 ou 15 ans. Ses parents devraient passer sous silence cet oubli occasionnel et le féliciter plutôt lorsque l'enfant range ses effets. Donner le droit à l'erreur est l'un des facteurs qui favorisent le développement de l'estime de soi. Par contre, si l'enfant néglige fréquemment de ranger son manteau, il convient d'intervenir pour l'habituer au rangement et à l'ordre.

Alexandre, 9 ans, insulte souvent sa sœur. Il la traite de « niaiseuse » et de pire encore. Bien sûr, cette situation ne comporte pas de danger physique. Toutefois, si les parents n'interviennent pas, cela aura un effet dans la vie future. Alexandre n'aura pas appris à respecter les autres et, du même coup, il n'attirera pas le respect des autres. Ses parents ont beau lui dire qu'il doit respecter sa sœur, qu'ils n'aiment pas qu'il la traite ainsi… cela ne change rien. Les paroles et les discours n'ont pas les propriétés d'une bonne intervention en règle. Il n'est donc pas étonnant de constater qu'Alexandre récidive puisqu'ils parlent beaucoup, mais n'agissent pas. Lorsque les parents exigeront de lui qu'il fasse une réparation chaque fois qu'il insulte sa sœur, il maîtrisera davantage ses mots, sera plus attentif et découvrira une manière plus acceptable et cordiale de signaler son désaccord ou sa déception.

Ces deux questions (Est-ce dangereux? Cela aura-t-il des conséquences fâcheuses dans 10 ou 15 ans?) peuvent grandement
faciliter la vie aux parents et diminuer le nombre d'interventions.

La discipline, pourquoi?

En société

Les règles sont l'une des structures de toute société. Il y a des
règles à observer partout, sur la route, dans les parcs, au centre
commercial, dans tous les endroits publics et privés. Lorsque
l'enfant a appris à respecter certaines règles à la maison, il lui
est plus facile de respecter celles qui ont cours dans la société.
Inculquer le respect des règles est donc un immense service à
rendre à son enfant. Vouloir son bonheur ne consiste surtout
pas à lui donner tout ce qu'il veut et à le laisser agir sans aucune
balise. Au contraire.

Pour qu'il s'autodiscipline...

Pour qu'un enfant en vienne à se discipliner, il doit vivre dans
un milieu où règne le respect des règles et où les limites sont
clairement fixées. Sinon, il aura beaucoup de difficulté à concré-
tiser ses projets et à se réaliser pleinement. Pour voyager, étudier,
acquérir une maison ou simplement manger sainement, il faut
compter sur un régime plus organisé et axé sur la discipline.

Nicolas, 35 ans, est artiste peintre. Il a beaucoup de talent et sa
renommée s'étend dans plusieurs grandes villes du monde.
Toutefois, il n'arrive à peindre qu'une vingtaine de jours par année;
c'est le mieux qu'il peut faire. Enfant, il a eu tout ce qu'il désirait
de ses parents qui ne pratiquaient aucune discipline. Il n'arrive donc
pas à se discipliner et cela le rend très malheureux. Il est très souvent dépressif de ne pas réaliser son plein potentiel. Sur le point
de commencer une série de tableaux, il trouve mille excuses pour
ne pas s'y attaquer franchement. Il a appris à toujours remettre à
plus tard son métier de peintre.

Pour dire « oui » à la réalisation d'un rêve ou d'un projet, il importe de savoir dire « non » à bien d'autres choses. L'enfant à qui on n'a jamais dit « non » ne sait pas dire « non ».

Cela sécurise…

Le sentiment de sécurité est l'une des quatre composantes de l'estime de soi ; en fait, il en est même le préalable. L'enfant sécurisé est plus disponible intérieurement et plus apte à développer les trois autres composantes de l'estime de soi, qui sont le sentiment d'identité, le sentiment de compétence et le sentiment d'appartenance.

De nombreuses études démontrent que l'estime de soi est l'un des plus grands facteurs de protection contre les conduites à risque à l'adolescence. Un adolescent qui a été positivement encadré et valorisé depuis l'enfance est moins enclin à l'abandon scolaire, à l'abus de drogues et d'alcool et même au suicide. Ses parents lui ont imposé des limites et il a essuyé des refus à plusieurs reprises. Il a peu à peu compris que limites et amour vont de pair.

En grandissant, l'adolescent imposera à son tour des limites aux autres, y compris aux personnes qu'il affectionne ; il aura la capacité de choisir ce qui est bon pour lui et par conséquent de dire non à certaines demandes.

Au contraire, l'enfant à qui les parents n'ont pas mis de limites croit qu'amour et laisser-aller vont de pair.

Vanessa, 15 ans, a tout ce qu'elle désire depuis sa naissance. Quand ses parents tentent de lui interdire une activité, elle s'impatiente, tape du pied et claque les portes. Elle sait qu'avec ce comportement, elle finira par avoir ce qu'elle veut. Elle a appris de ses parents que, lorsqu'on aime, on ne met pas de limites et on ne refuse rien à l'autre. Depuis peu, elle fréquente un jeune homme de 18 ans. Ses parents sont complètement désemparés en la voyant donner à ce garçon tout ce qu'il lui demande, puisque sa référence en amour correspond en tout point à son apprentissage.

Lorsqu'un enfant à qui on n'impose aucune limite à la maison se voit forcé de respecter des règles à la garderie ou à l'école, il croit que l'éducateur ou l'enseignant ne l'aime pas et même qu'il lui en veut.

Comment discipliner?

À la base de toute discipline positive, il y a l'amour que les parents portent à leur enfant. Cela étant, il est toujours temps pour les parents de remettre en question leurs attitudes et de modifier leur façon d'être envers l'enfant.

Il y a de nombreuses façons d'enseigner ou d'inculquer la discipline à son enfant. En voici trois.

Discipline rigide • Adulte très encadrant • Peu sensible

L'adulte décide, tranche, ordonne et impose ses volontés sans tenir compte de l'évolution ou du tempérament de l'enfant. Pour lui, il n'y a qu'une façon de faire les choses, la sienne. Il n'apprécie pas les manières qui diffèrent de la sienne. Il est très encadrant, mais peu sensible à l'enfant.

Chez l'enfant, l'obéissance est favorisée au détriment de l'autonomie. Il manque donc de confiance en lui, s'exprime peu, s'efface, se referme et est souvent agressif. Il se sent seul et incompris de ses parents. Il a tendance à se révolter et a perdu confiance dans les adultes.

Discipline permissive • Adulte non encadrant • Très sensible

L'adulte manifeste son amour, accepte et respecte l'enfant, son rythme et ses goûts. Il offre peu de contrainte, d'encouragement, de stimulation, de soutien dans l'effort. Il privilégie une relation d'égal à égal. Il considère donc son enfant comme un adulte miniature avec lequel il négocie constamment. Il est tellement sensible à l'enfant qu'il lui est difficile d'imposer des limites, de dire « non » et de le voir frustré.

L'enfant est insécure et anxieux. Il prend des décisions qui ne sont pas de son ressort : heure du coucher, menu, sorties… Il accepte difficilement d'être dirigé par qui que ce soit, ne l'étant pas par ses propres parents. Il reçoit beaucoup, mais il n'apprend ni à donner ni à fournir d'efforts.

Discipline de cœur • Adulte très encadrant • Très sensible

L'adulte a pour premier objectif de faire advenir le meilleur chez son enfant et de le rendre autonome. Il ne craint pas de s'affirmer, contrairement au parent permissif, et il n'abuse pas de son pouvoir comme le parent autoritaire. Il est sensible aux besoins de l'enfant tout autant qu'aux siens propres. Il ne se laisse pas diriger, n'argumente pas et est déterminé à obtenir ce qu'il demande. On peut parler « d'une main de fer dans un gant de velours. »

Cet adulte communique clairement ses attentes, ses besoins, ses sentiments. Il se respecte et respecte son enfant. Il informe, explique, prépare et prévient. Il offre de bons modèles, des routines et des choix tout en recourant à des moyens qui favorisent l'estime de soi. Lorsque l'enfant adopte des comportements indésirables, il l'aide à trouver des stratégies pour remédier à la situation et satisfaire ses besoins de façon acceptable. Il agit toujours de façon à préserver la dignité de l'enfant, afin que celui-ci ait le sentiment d'être une personne aimable, quelqu'un de bien.

L'enfant est autonome, responsable, équilibré, confiant et joyeux. Il peut s'épanouir dans des limites fixées avec sensibilité et amour. Il acquiert un fort sentiment de sécurité et une bonne estime de lui.

Quand sensibilité et fermeté se marient

Il n'y a pas de discipline possible sans amour. Si l'enfant ne se sent pas important pour ses parents ou les adultes qui en prennent soin, s'il ne se sent pas aimé, si ses besoins affectifs demeurent insatisfaits, il ne se laissera pas encadrer ou discipliner.

L'enfant qui dérange continuellement son groupe à l'école sait bien, sans qu'on le lui dise, que la vie serait plus facile sans lui. Parce qu'il ne se sent pas aimé, il n'est aucunement réceptif à ce que lui dit son enseignant. Lorsque ce dernier arrive à donner de l'importance à ce qu'est et à ce qu'accomplit l'enfant, celui-ci ne peut que changer d'attitude et de perception envers lui. Si le courant ne passe pas entre deux personnes, la discipline ne passe pas. Sensibilité et fermeté sont indissociables.

Les étapes d'une discipline incitative

- ### 1re étape : donner le goût de collaborer

La première étape de la discipline consiste à donner aux enfants le goût de collaborer. Cela n'est possible, comme nous l'avons vu précédemment, que si leurs besoins sont comblés.

Rester assis durant le repas, respecter sa sœur ou son petit frère, s'habiller seul, se brosser les dents, se taire, se dépêcher, se lever, aller se coucher… les parents exigent beaucoup d'un enfant dans une journée. Quand l'enfant ne collabore pas, s'oppose ou résiste, c'est que sa relation avec ses parents n'est pas adéquate. Peut-être ont-ils demandé plus qu'ils n'ont donné? Et on ne parle pas ici de donner ce dont l'enfant n'a pas vraiment besoin : jouets, cadeaux, vêtements de luxe… Il est plutôt question de donner une réponse à ses besoins affectifs, comme de passer une période de temps avec lui seul. Dans la mesure où le parent répond à ses besoins légitimes, l'enfant à son tour est plus enclin à donner, à écouter et à collaborer.

En somme, le meilleur appelle le meilleur. Il faut donc voir ce qu'il y a de meilleur chez l'autre et il vous donnera le meilleur de lui-même. L'adulte sensible aux besoins d'un enfant, à ses désirs, à ses sentiments, et soucieux de préserver son estime de soi obtiendra facilement sa collaboration.

Traitez les enfants avec respect et dignité et vous en recevrez autant en contrepartie. De plus, ils traiteront les autres de cette façon dans leur vie.

Enfin, il convient de souligner que cette réaction des parents aux besoins de l'enfant ne doit pas être une monnaie d'échange destinée à ce que le petit réponde en retour à leurs demandes. Il s'agit tout simplement de répondre à ces besoins parce qu'ils comptent pour nous et parce que nous aimons l'enfant.

- **2ᵉ étape : responsabiliser ou comment aider mon enfant à prendre en main sa vie**

Cette étape est développée dans les chapitres suivants. Une fois que les parents ont reconnu les véritables besoins de leur enfant et obtenu la collaboration de celui-ci, il s'agit maintenant de l'aider à se maîtriser. Il sera donc question des demandes adressées par les parents, du recours aux punitions et aux récompenses ainsi que de la réparation, c'est-à-dire de la capacité de réparer les torts causés.

- **3ᵉ étape : intervenir avec cœur dans toutes les situations**

Concrètement, qu'est-ce que signifie « intervenir avec cœur » ? Voici un exemple pour illustrer cette façon de faire.

Les parents doivent éviter d'intervenir lorsqu'ils sont en colère, et encore moins de punir. Dans cette situation, le risque est grand qu'on retire à l'enfant ce à quoi il tient le plus ou que la conséquence donnée soit démesurée et que, s'en rendant compte, on doive la retirer plus tard. Mieux vaut se calmer d'abord, quitte à dire à l'enfant qu'on est trop en colère pour intervenir immédiatement. Il ne s'agit pas d'inquiéter l'enfant et de lui faire peur ; au contraire, il s'agit de l'amener « avec cœur » à modifier son comportement.

Où intervenir avec cœur ? Idéalement partout. À la maison comme à l'extérieur. Quand intervenir avec cœur ? Idéalement tout le temps, à chaque comportement dérangeant. Comment intervenir avec cœur? Lorsque nous sommes en colère, comment peut-on arriver à intervenir avec cœur? En nous donnant du temps et des moyens pour nous calmer et nous retrouver dans une véritable relation d'aide. Puis, en pensant calmement aux gestes et aux paroles à dire à l'enfant dans le but de favoriser son développement.

Enfin, pourquoi intervenir avec cœur? Parce que lorsqu'on intervient avec cœur, avec sensibilité, avec humanité, on éveille la sensibilité de l'enfant, on l'aide à devenir plus sensible aux autres et plus humain. En intervenant, avec bonté, en utilisant la réparation, par exemple, on apprend à l'enfant à faire preuve de sensibilité envers les autres.

***

Un moment de réflexion

- Demandez-vous s'il y a chez votre enfant des comportements qui vont à l'encontre de vos valeurs et que vous souhaitez voir cesser.
- Quelles sont les situations dans lesquelles des comportements vous dérangent et, pour chacune d'elles, demandez-vous avant d'intervenir:
  - est-ce dangereux?
  - y aura-t-il une conséquence fâcheuse pour votre enfant dans 10 ou 15 ans?

***

CHAPITRE 3

En avez-vous assez de répéter?

L'objectif poursuivi par le parent — et dont nous allons parler dans les pages qui suivent — consiste à cesser de répéter constamment les mêmes choses à l'enfant et à lui apprendre à écouter dès la première demande.

L'interaction de répétition

Le fait de répéter nos demandes aux enfants est tellement répandu que le docteur Russell Barkley, auteur du « Programme pour les parents dont les enfants défient l'autorité parentale » (PEDAP), a dressé un tableau qui illustre bien ce qu'est la répétition et comment elle dégénère. Imaginons que vous demandez à votre enfant de ramasser ses jouets. S'il répond « Oui, maman, j'y vais de ce pas », comme l'illustre le tableau (voir en page 65), on peut passer à autre chose, la situation étant réglée. Or, cela arrive rarement. Le plus souvent, quand on demande quelque chose à l'enfant, ce n'est pas un NON que l'on entend, mais plutôt un grand silence. Comme si l'enfant était sourd. Certains parents vont même jusqu'à faire passer un test d'audiologie à leur enfant, croyant qu'il souffre de surdité.

D'après l'étude du docteur Barkley, un adulte répète chacune de ses demandes en moyenne de trois à sept fois. Or, l'enfant connaît le nombre de fois que son père répète, le nombre de fois que sa mère répète, que son éducatrice ou que son enseignant répète… C'est comme si l'enfant se disait : « Pourquoi écouter du premier coup, il va me le dire au moins trois fois. » Le parent qui répète trois fois à son enfant de ramasser ses jouets ou de faire ses devoirs apprend à son enfant à attendre la troisième fois avant d'écouter.

Lorsque les répétitions sont inefficaces, le parent menace : « Je t'avertis, je vais jeter tes jouets si tu ne les ramasses pas », « Je vais les donner », ou « Si tu ne les ramasses pas, maman va se choquer. Et quand maman se choque, ce n'est pas beau à voir… » En fait, ce ne sont que des mots et l'enfant le sait. Nous mettons rarement nos menaces à exécution.

Lorsque les menaces ne fonctionnent pas, le parent se sent impuissant. Certains vont dire : « J'ai tout fait. J'ai répété, menacé et cela n'a pas marché. Finalement, il faut que je crie pour qu'il m'écoute. C'est sa seule façon de comprendre. » Ce parent devenu agressif a peut-être gagné la collaboration de son enfant, mais à quel prix ! On se sent rarement fier de soi ou compétent et efficace lorsqu'on crie. De fait, en criant, on perd bien davantage que ce que l'on gagne. On perd l'estime de soi-même, on n'est pas fier d'en être arrivé à cette extrémité et on nuit à l'estime de son enfant. À son tour, celui-ci criera quand il voudra être écouté, ce qui nuira encore davantage à son estime de soi, car il ne sera pas plus fier de lui. Il comprendra aussi qu'il est légitime de se faire interpeller par des cris puisque ses parents qui l'aiment adoptent ce comportement.

Que peut-on dire à des parents affirmant que le comportement de leur enfant les amène à crier au point de perdre le contrôle ? Il faut leur rappeler que personne ne les oblige à adopter un tel comportement. L'enfant n'est pas responsable de leurs cris et de leurs menaces, ni de leur perte de maîtrise. Ils ne savent pas se discipliner et ils manquent probablement de moyens efficaces. Étant des modèles pour l'enfant, les parents qui disent à leur enfant que c'est lui le responsable de leurs comportements à eux, lui enseignent à ne pas prendre la responsabilité de ses gestes! Lorsque l'enfant commettra des erreurs, ce sera la faute des autres. Lorsqu'il aura un comportement dérangeant à l'école, ce sera la faute d'un autre élève. Lorsqu'il ne réussira pas, ce sera la faute de l'enseignant... Quand les autres sont responsables de nos comportements, nous n'avons aucun pouvoir. Ce n'est que lorsque nous prenons la responsabilité de nos comportements que nous pouvons réfléchir aux nombreux moyens disponibles pour opérer un véritable changement.

D'autres parents, qui ne voient leur enfant que quelques heures par jour, affirment ne pas avoir envie de se disputer avec lui. « Il a juste 9 ans, il apprendra à ramasser ses affaires plus tard. » Par peur du conflit, ces parents préfèrent souvent céder.

L'INTERACTION DE RÉPÉTITION

Le parent formule une demande Réponse de l'enfant	
NON 3 à 7 répétitions	OUI On passe à autre chose
NON 1 à 3 menaces	
NON Impuissance du parent ▶ Soumission ▼ Colère ou agressivité	

Source: Russell BARKLEY. *Defiant children: Parent-Teacher Assignments.* New-York: Guilford Press, 1987.

Quand répéter, c'est récompenser

Que fait l'enfant quand l'adulte répète ? Il continue à agir à sa guise. Il est donc récompensé de ne pas écouter. Chaque fois que l'adulte répète, il encourage l'enfant à ne pas écouter à sa première demande. Ce comportement est payant pour l'enfant. De plus, s'il manque d'attention, voilà une excellente façon d'en obtenir.

Mettre fin aux répétitions, aux menaces et aux cris

Comment mettre fin à ces répétitions qui nuisent à votre relation avec votre enfant et qui l'empêchent de devenir responsable ? Il faut agir. L'une des difficultés des adultes d'aujourd'hui, c'est qu'ils expliquent beaucoup, parlent beaucoup et n'agissent pas assez. Or, les enfants sont davantage influencés par nos gestes que par nos paroles.

Au moment d'une formation avec des éducatrices en service de garde en milieu scolaire, celles-ci m'ont fait part du manque de respect des élèves qui les insultaient littéralement. Elles se demandaient comment mettre fin à cette situation. Je leur ai demandé comment elles s'y prenaient. « On demande à l'élève d'arrêter son activité et de venir s'excuser. Ensuite, on lui explique que, dans notre code de vie à l'école, le manque de respect est inacceptable et qu'il n'a pas le droit de parler de cette façon. Lorsqu'on lui a expliqué cela durant une dizaine de minutes et qu'il a compris, il peut retourner à son activité. » Je leur ai répondu que, pour moi, il ne s'agissait là que de paroles et que rien n'engageait vraiment l'enfant.

Des excuses, c'est bien, mais ce n'est pas suffisant. Lorsqu'un enfant cause du tort à un autre par des mots ou des gestes, il doit réparer son tort. Lorsqu'il le fait, il apprend à porter attention aux autres, aux objets des autres et il devient plus sensible et plus humain.

« C'est pas de ma faute ! » Beaucoup d'éducatrices me racontent que les élèves répondent en utilisant ces phrases : « C'est sorti tout seul de ma bouche » ou « Ma main est partie toute seule pour le frapper. C'est pas ma faute ! », ou encore « C'est mon cerveau qui a dit à ma bouche de le traiter de con ! »

Ces enfants disent tout simplement qu'ils ne sont responsables ni de leur langage ni de leurs gestes. Toutefois, à partir du moment où les élèves savent qu'ils devront réparer chaque manque de respect et que, chaque fois les adultes exigeront réparation, les manques de respect cessent. Pour cela, il faut intervenir chaque fois, afin qu'ils comprennent que l'interdiction est formelle, quitte à répéter l'intervention des dizaines de fois le premier jour. Ils comprennent vite le sérieux de la demande !

Avant d'agir, il est important d'être calme. Si vous en êtes aux menaces, ce n'est pas le temps de demander une réparation. Pour aborder le problème, choisissez plutôt un moment où vous êtes calme et détendu. Vous devez également être fermement décidé et déterminé, sinon vous courez à l'échec.

Pour cesser de répéter toujours les mêmes demandes et pour obtenir la collaboration de l'enfant dans toutes situations, voici les différentes étapes d'une méthode que j'ai appelée **ESTIME** et qui permet d'intervenir lorsque l'enfant a un comportement dérangeant, comme celui de refuser de ranger ses jouets.

✓ **E**st-ce que je peux ignorer le comportement de mon enfant ?

✓ **S**uis-je un modèle par rapport à mes demandes ?

✓ **T**emps d'exclusivité et satisfaction des besoins affectifs.

✓ **I**ntervenir avec des moyens positifs.

✓ **M**ettre des mots sur les désirs, les besoins et les sentiments.

✓ **E**nseigner en questionnant.

Est-ce que je peux ignorer un tel comportement?

Rappelez-vous les deux questions suivantes.

✓ Mon enfant ne range pas ses jouets? Est-ce dangereux physiquement si je n'interviens pas? Non.

✓ Si je n'interviens pas, cela aura-t-il des conséquences fâcheuses pour sa vie dans 10 ou 20 ans? Oui, car je ne lui aurai pas appris l'ordre et le rangement. Donc, il me faut intervenir.

Suis-je un modèle par rapport à ma demande?

✓ Quelle sorte de modèle suis-je en ce qui concerne le rangement? Est-ce que je laisse tout traîner un peu partout ou est-ce que je mets chaque chose à sa place? Et quand je range, est-ce que je le fais en chantant, avec plaisir, ou en disputant? Bref, en tant que parent, je devrais donner l'exemple!

Temps d'exclusivité et satisfaction des besoins affectifs

- **Amour**. Quand ai-je donné à mon enfant un 20 minutes de jeu exclusif ou quand lui ai-je accordé assez d'attention pour qu'il se soit senti important et aimé?
- **Compétence**. Quand ai-je reconnu le beau et le bon en lui? Est-ce que je pense à le féliciter lorsqu'il range ses effets?
- **Liberté**. Ai-je laissé à mon enfant des choix dans le rangement de ses jouets (comment le faire ou quand le faire, avant ou après le repas)?
- **Plaisir**. Quand ai-je partagé avec mon enfant un moment de plaisir? Est-ce que je pense à associer du plaisir à la tâche ou, dès que la tâche est terminée, je propose un jeu? Le plaisir est la plus grande motivation.

- **Sécurité**. Les limites que j'instaure sont-elles claires? Si mon enfant enfreint une règle, est-ce que la conséquence est claire pour lui?

Intervenir avec des moyens positifs.

- Est-ce que j'avertis mon enfant de la façon dont je vais intervenir pour le responsabiliser? «À partir de maintenant, je vais te le dire une seule fois. Si tu ne ranges pas tes jouets, je le ferai à ta place, mais tu en seras privé pendant deux semaines. Je serai triste d'avoir à le faire.» C'est ce qu'on appelle une conséquence logique et raisonnable. On lui retire ses jouets momentanément. On ne le prive pas d'une sortie, de télévision et on ne le fait pas coucher de bonne heure. L'intervention se fait relativement aux jouets.

- **Agissez**. Si je fais ce que j'ai dit, même si cela s'avère difficile, l'enfant sera sécurisé et il me fera confiance. Toutefois, il faut s'attendre à de la résistance, à une crise ou à un conflit, mais j'aurai agi.

Mettre des mots sur les désirs, besoins et sentiments

- Si je mets des mots sur ses désirs, besoins et sentiments, mon enfant se sent compris et il a davantage le goût de collaborer. De plus, je lui apprends à nommer ce qu'il ressent.

- Je dois parler à mon enfant comme à quelqu'un que j'aime et qui m'aime: «Je suis fatiguée de répéter. Ça me choque de voir traîner tes jouets partout. Nous avons un problème. J'aimerais en discuter avec toi.» J'évite donc de porter des jugements du genre: «Tu es irresponsable...». Lorsqu'un enfant entend ces mots de façon répétée, il se les dit lui-même pendant longtemps.

Enseigner en questionnant (5 ans et plus)

- Socrate a démontré que la meilleure façon d'enseigner consiste à questionner. Alors, j'interroge mon enfant.

  - « Pourquoi penses-tu que je te demande de ranger tes jouets ? » Il répondra sûrement : « Pour que ce soit en ordre dans la maison ! » Demandez-lui ensuite : « Qu'est-ce qui se passerait si personne ne les ramassait ? » « Ils traîneraient partout, on ne retrouverait plus rien ». Le questionner, le faire réfléchir et l'amener à donner des réponses, voilà qui a beaucoup plus d'effet qu'un discours.

  - Je n'hésite pas à lui demander son avis. « As-tu des idées pour ranger tes jouets sans que j'aie à le répéter ? » Les enfants sont très créatifs et peuvent nous aider quand on demande leur collaboration. De plus, si l'idée vient de lui, il risque plus de faire ce qu'il propose.

La méthode **ESTIME** propose des moyens concrets d'intervenir avec cœur, de façon à aider son enfant à se responsabiliser tout en favorisant le développement de son estime de soi.

Cette façon de faire s'applique à différentes situations dans lesquelles le parent veut faire assumer à son enfant les conséquences de ses actes et de ses choix.

Lorsque vous demandez à un petit de faire quelque chose, s'il n'a pas commencé à exécuter la demande dans les cinq secondes qui suivent, allez le chercher par la main et amenez-le faire ce que vous avez demandé. Par exemple, si vous lui demandez de venir s'habiller et qu'il ne bouge pas, allez le chercher par la main sans parler et amenez-le s'habiller. Vous lui demandez de venir manger, de prendre son bain… et il ne vient pas ? Allez le chercher. Il repart ? Retournez le chercher. Évitez de parler, de rire, de jouer, de rendre cela amusant ; sinon, vous récompensez le fait qu'il ne vous écoute pas et vous l'encouragez à ne pas vous obéir.

Pour l'enfant qui se relève au moment du coucher, avertissez-le que vous le ramènerez dans son lit sans rien dire. Il comprendra que vous êtes sérieux et déterminé à obtenir ce que vous demandez puisque, s'il ne revient pas dans son lit, vous allez le chercher.

 « Lorsque, sans dire un mot, j'ai amené ma fille par la main pour qu'elle se brosse les dents, elle m'a regardée drôlement en ayant l'air de se demander ce que je faisais. Arrivée à la salle de bain, elle s'est brossé les dents. Maintenant, en plus d'y aller dès la première demande, elle aligne les brosses à dents de tous les membres de la famille, y met du dentifrice et nous avertit que nos brosses sont prêtes ».

Une mère

Si vous apprenez à vos petits à écouter dès la première demande à la maison, ils feront de même à la garderie et à l'école ; ce qui leur rendra la vie plus facile et plus agréable.

Si vous intervenez chaque fois qu'il ne range pas ses jouets et si vous vous y prenez de la même façon, vous le sécurisez. Vous êtes prévisible et l'enfant sait qu'il peut vous faire confiance.

Il est très important d'adopter une bonne attitude dans toutes vos interventions. Par votre façon de parler, par votre ton, l'enfant doit sentir qu'il est quelqu'un d'aimable, digne d'estime et qu'il a besoin de votre aide pour devenir responsable. Si vous dites les mêmes paroles avec exaspération, il aura l'impression — une fois de plus — d'être vraiment incompétent ou maladroit. Le ton de voix compte pour 80 % du message.

Apprenez-leur à penser par eux-mêmes

Si l'on veut que nos enfants deviennent autonomes, on doit cesser de prendre la responsabilité de leurs tâches personnelles et scolaires en cessant de leur rappeler ce qu'ils doivent faire et en évitant d'aller au-devant des coups à leur place.

Lorsque mes fils ont commencé à aller seuls se chercher des livres à la bibliothèque et plus tard des films au vidéo, je leur demandais : « As-tu pensé à rapporter tes livres ou ton film ? ». Jusqu'au jour où j'ai réalisé que je ne les aidais pas à être responsables tant et aussi longtemps que je leur ferais penser à ce qu'ils devaient faire. Pourquoi avaient-ils à s'en souvenir puisque, moi, je leur rappelais ? Je les ai donc avertis que je cesserais de le faire afin qu'ils apprennent à y penser d'eux-mêmes. Il en a coûté dix dollars à l'un de mes fils pour un film en retard. Je lui ai dit à quel point je trouvais cela difficile de le voir perdre autant d'argent. « Veux-tu qu'on regarde ensemble ce que tu pourrais faire pour te rappeler la prochaine fois de rapporter le film ? » Il m'a répondu : « Ça n'arrivera plus, maman, je me suis organisé un système pour m'en souvenir. » Il est parfois difficile de les laisser apprendre seuls et faire des erreurs.

Les parents ont souvent le sentiment que s'ils ne disent pas à leur enfant d'apporter le matin sa boîte à lunch et son sac d'école, il ne le fera pas. En effet, pourquoi y penserait-il par lui-même puisque vous êtes là pour lui rappeler ? Lorsque votre enfant aura vécu les conséquences de son oubli, il y pensera. C'est grâce à ses oublis qu'il apprendra et aussi grâce à vous qui l'aiderez à trouver un moyen de se le rappeler.

Les conséquences de la répétition à l'école et à la garderie

Les parents de Sophie, âgée de 7 ans, me contactent, car le directeur de l'école les a avertis que si le comportement de leur fille ne changeait pas d'ici un mois, celle-ci allait être transférée dans une classe regroupant des enfants à comportements déviants. Selon le directeur, Sophie s'oppose à l'autorité, met ses enseignants au défi, n'écoute pas les consignes en classe et se retrouve souvent punie. Les parents me disent que cette description ne ressemble pas à leur Sophie. Je leur demande s'ils doivent répéter leurs demandes avec elle ou si elle écoute du premier coup. Ils me disent qu'ils répètent toutes leurs demandes environ quatre fois avant qu'elle réagisse. Sophie n'est probablement ni défiante ni opposante mais, comme beaucoup d'enfants, elle n'a pas appris à écouter du premier coup.

Depuis son plus jeune âge, elle attend la quatrième répétition avant de répondre à une demande; elle a donc la même fâcheuse habitude à l'école. Son oreille s'ouvre trop tard aux consignes de l'enseignante qui ne répète pas. Comme Sophie attend des répétitions qui ne viennent pas, on la croit défiante. Dans un premier temps, je propose aux parents de répondre aux besoins affectifs de leur fille: temps d'exclusivité, valoriser le beau et le bon, lui offrir des choix, avoir du plaisir avec elle. Deux semaines plus tard, elle collabore davantage et répond plus rapidement à leurs demandes. Ils répètent moins souvent. Dans un deuxième temps, nous amenons Sophie à assumer les conséquences de ses choix. Par exemple, ils lui disent de nombreuses fois d'aller se coucher le soir. Alors qu'elle devrait être au lit à 20 h 30, elle finit par se coucher vers 21 h 30. Je leur propose alors la démarche citée plus haut pour mettre fin aux redites.

Ainsi, je leur propose de dire ceci: « Sophie, on n'aime pas te répéter plusieurs fois le soir d'aller au lit. À partir de maintenant on ne le dira qu'une seule fois, ce qui va rendre notre vie plus agréable et t'aider aussi à l'école. Y a-t-il quelque chose qui t'aiderait à te rappeler d'aller au lit à 20 h 30, comme on te le demande? Si tu n'as pas d'idée, voici ce qui arrivera à partir de maintenant. Si tu dépasses ton heure de coucher de 30 minutes, le lendemain, tu reprendras ces 30 minutes et tu te coucheras à 20 heures. Si tu dépasses d'une heure, tu reprends ton heure le lendemain. Tu es responsable de ton heure de coucher. » Le premier soir, Sophie s'est couchée à 21 h 15. Ils n'ont pas répété et l'ont avisée le lendemain qu'elle devait reprendre son temps de sommeil. Ce qu'elle a fait et depuis, elle est au lit à l'heure. À l'école, elle écoute les consignes et est demeurée dans sa classe.

Les conséquences de nos menaces

Une mère ne comprenait pas comment sa fille de 3 ans en était arrivée à lui proférer des menaces. «Quand je refuse par exemple de lui donner un biscuit, elle me dit: "Si tu ne me le donnes pas, je vais aller donner des coups de pied dans la sécheuse"!» Et la petite fille allait donner des coups de pied dans la sécheuse... Se demandant où sa fille avait pu apprendre de tels comportements, la mère se rendit compte qu'il y avait dans l'entourage de l'enfant une adulte qui avait l'habitude de faire ce genre de menaces!

Qui n'a pas entendu un enfant dire «Si tu me prêtes pas ton jouet, t'es plus mon ami.», «Si tu ne veux pas jouer avec moi, j'irai pas à ta fête.» Nos propres menaces arrivant parfois à faire obéir nos enfants, ceux-ci ont tôt fait de constater le pouvoir de ces menaces.

Les conséquences de nos abus de pouvoir

Nous sommes des modèles pour nos enfants. De tous les temps, c'est la forme de discipline la plus puissante. Quand un adulte utilise la fessée, la force ou les menaces pour obtenir quelque chose de son enfant, c'est comme s'il lui disait: «Quand on veut obtenir ce qu'on veut de quelqu'un, on a juste à utiliser la force, les menaces ou tout ce qui est en notre pouvoir pour y arriver.»

Si vous avez des enfants âgés de 5 ans et moins, n'adressez votre demande qu'une seule fois, puis allez les chercher par la main sans les récompenser. Si vous avez des enfants plus âgés, offrez-leur des choix. Par la suite, faites-leur assumer les consé-quences de leurs choix.

Comme adultes, nous pouvons choisir un certain nombre de réactions. Nous pouvons crier et continuer de nous empêtrer dans cette malheureuse habitude ou encore nous engager sur une autre voie en intervenant calmement et en préservant la dignité de l'enfant (et la nôtre). Les deux chemins mènent au même résultat. Les jouets seront ramassés, la chambre rangée, les devoirs faits… Toutefois, ce que retient l'enfant de chacune de ces interventions est très différent. Or, il importe que l'enfant garde le sentiment d'être un bon enfant, malgré ce qu'il fait de mal.

Des demandes qui portent leurs fruits

Combien faites-vous de demandes chaque jour? Selon certaines recherches, des parents/éducateurs font de 17 à 40 demandes en 30 minutes. Et vous? Est-ce que vous multipliez les demandes au cours d'une journée? «Enlève tes coudes sur la table. Sers-toi de tes ustensiles correctement. Parle moins fort…». De plus, il faut noter que la façon de transmettre nos demandes se répercute directement sur la collaboration attendue.

- Plus on fait de demandes et plus on risque d'augmenter la proportion de celles qui restent sans réponse.

- Ne choisissez que les demandes qui en valent la peine. Rappelez-vous ces deux questions: «Est-ce dangereux?», «Y aura-t-il une conséquence fâcheuse dans 10-15 ans si je n'interviens pas aujourd'hui?»

- Attendez que l'enfant ait terminé une tâche avant de lui demander autre chose et tenez compte de sa disponibilité.

- Demandez de façon claire et précise ce que vous voulez: «Sois gentil chez grand-maman», voilà une demande trop vague pour l'enfant. Demandez ce que vous voulez et non ce que vous ne voulez pas. Lorsque vous demandez à vos enfants de ne pas se disputer dans l'auto, ils visualisent d'abord la chicane. Vous venez de leur mettre cette image dans la tête. Vous les aidez à y penser.

- Soyez bref, clair et précis. «Chez grand-maman, je m'attends à ce que tu regardes ses bibelots en gardant tes mains près de toi et que tu demeures assis à table jusqu'à ce qu'on ait terminé le repas. » Votre enfant saura précisément ce que vous attendez de lui et pourra accéder à vos demandes, particulièrement si vous prenez soin de l'encourager régulièrement et de reconnaître ses efforts.

- Évitez de formuler vos questions de la façon suivante : « Pourrais-tu ? Voudrais-tu ? » Cela les incite à répondre « Non ».

- Il est très important d'utiliser dans nos demandes l'expression « Je m'attends à ce que... ». Premièrement, cette expression édicte clairement ce que je veux, plutôt que ce que je ne veux pas. Deuxièmement, le message sous-jacent est le suivant : si je m'attends à ce que l'enfant fasse ce que je lui demande, c'est qu'il en est capable et que, puisque je m'y attends, cela ne lui donne pas vraiment le choix de ne pas le faire. C'est un message de confiance qu'il reçoit. Cette façon de demander est très efficace en plus d'être respectueuse de l'enfant.

- Si vous reconnaissez la collaboration de l'enfant, il sera enclin à recommencer.

- Adressez vos demandes comme si elles étaient transmises à un ami, autant sur le plan du contenu verbal que dans le ton et le non verbal. Vos chances d'être écouté s'en trouveront augmentées.

- Spécifiez quand vous voulez qu'il s'exécute. « Je m'attends à ce que tes jouets soient rangés dans leur bac avant le souper. »

Lorsque l'autre parent vous soutient dans votre demande, cela vous aide à obtenir la collaboration de l'enfant. Vous êtes deux à demander ou à exiger. Si vous vivez tous deux sous le même toit et que vos exigences sont les mêmes par rapport à vos demandes et à vos règles, la vie de l'enfant s'en trouve facilitée. Mais que faire quand l'autre parent n'appuie pas la demande ou agit différemment ?

Évitez de saboter l'autorité de l'autre, de défaire ce qu'il a fait ou ce qu'il a annoncé à l'enfant. Lorsqu'il y a mésentente, rappelez-vous d'abord ces deux questions : « Ce que fait l'enfant est-il dangereux?», «Cela aura-t-il des conséquences fâcheuses pour sa vie future si nous n'intervenons pas?»

Par ailleurs, nos demandes parlent des valeurs que nous souhaitons transmettre à notre enfant et le plus souvent nous avons choisi un conjoint ou une conjointe qui a des valeurs assez semblables aux nôtres. Souvent, le désaccord des parents survient au sujet de choses de moindre importance. Pour trouver un terrain d'entente et une façon commune d'intervenir, concentrez-vous sur les valeurs importantes à transmettre et faites preuve de souplesse relativement aux comportements de moindre importance. Il est normal de ne pas avoir les mêmes exigences en tout.

***

Un moment de réflexion

- Prenez le temps de découvrir les situations dans lesquelles vous répétez souvent.
- Qu'entendez-vous faire précisément au lieu de répéter?
- Demandez-vous ce que vous pourriez faire pour cesser de vous sentir responsable des tâches personnelles ou scolaires que votre enfant doit accomplir.

***

CHAPITRE 4

Punitions et récompenses : des effets négatifs

Pourquoi punit-on ?

Les parents punissent souvent parce qu'ils ignorent d'autres moyens de procéder. Ils expliquent que cela les soulage quand ils sont en colère contre leur enfant. Ils estiment garder le contrôle de la situation en agissant de cette façon. Le personnel enseignant accorde souvent une grande place aux punitions, estimant que c'est tout ce que les élèves comprennent et retiennent. L'école, en quelque sorte, n'a pas complètement tort puisque c'est une leçon que les enfants ont très bien apprise. Malheureusement, cette « philosophie » est encore très à la mode. En effet, il ne faut pas négliger le fait que des élèves sont souvent punis de façon répétitive et qu'il y a là un risque d'augmenter leur détresse psychologique.

Lorsque nous enseignons aux enfants à réparer leurs torts en leur demandant de proposer un geste réparateur, ils suggèrent souvent de se priver d'une récréation, d'une activité au gymnase ou d'une émission de télévision, bref ils proposent des punitions plus sévères que celles qui seraient conseillées par un parent ou un éducateur. Cela tient au fait qu'ils sont habitués à se faire enlever des choses qui leur tiennent à cœur. Ils ne peuvent même pas concevoir que la réparation soit autre chose.

Pour favoriser et entretenir une relation de bienveillance, il importe de lutter d'abord contre cette impulsion qui consiste à réagir sans discernement et à vouloir instinctivement punir en privant l'enfant d'activités et de loisirs sains. Demandez-vous si vous auriez du respect et de la considération pour quelqu'un qui vous punirait et tenterait de vous dominer? De plus, il faut se rappeler que la punition empêche l'enfant d'examiner son comportement inacceptable, de faire une introspection. Comme si la punition effaçait la faute. Si, au lieu de punir, on interroge l'enfant sur les conséquences de ses actes, on l'aide à devenir plus sensible et plus responsable. « Que penses-tu qu'il adviendrait dans la maison si personne ne rangeait ses effets? » « Comment se sent ta sœur, selon toi, lorsque tu prends ses choses sans sa permission? »

À l'école, les élèves punis à répétition développent une sorte d'insensibilité qui les rend inatteignables. Rien ne semble les affecter, ni les punitions, ni la privation de sorties ou de récompenses. Avec raison, l'enfant développe des mécanismes de défense. Lorsque l'humiliation et le rejet inhérent à la punition deviennent intolérables, l'enfant s'isole afin de ne plus se laisser atteindre. La communication est coupée, l'enfant devient imperméable à tout mouvement d'amour et de compassion. Plus rien ne passe. Combien de temps faudra-t-il à un adulte pour percer la muraille que cet enfant érige pour sa protection? Chose certaine, il faudra plus que de l'amour et fort probablement de multiples paroles douces et des gestes profondément humains pour y parvenir. Y a-t-il beaucoup d'adultes capables d'entendre la souffrance que ces enfants ne savent pas évoquer avec des mots?

Comment se sentir aimé de quelqu'un qui nous humilie? L'adulte doit trouver le moyen d'aider un enfant à devenir meilleur sans l'humilier ou le blesser. En humiliant l'enfant, on est loin de faire appel à ce qu'il y a de bon et de digne en lui; de fait, on active chez lui un sentiment de vengeance. Nous verrons plus loin comment la réparation fait appel à la dignité et la bonté de l'enfant et comment elle devient un acte d'amour et de confiance, plutôt que d'humiliation.

Lorsque l'enfant commet une erreur, plutôt que de le blâmer ou de le punir, aidons-le à trouver une meilleure façon d'agir la prochaine fois, cherchons une solution avec lui. Si un adulte que nous aimons commet une faute ou vit une difficulté, ne lui tendons-nous pas la main? Pourquoi couper les ailes à nos enfants quand nous avons les moyens et la connaissance pour les propulser dès maintenant vers de hauts sommets?

À l'occasion de son anniversaire, Thomas reçoit de son père le cadeau dont il rêve depuis longtemps: des jambières de gardien de but. Deux jours plus tard, Thomas ayant été irrespectueux à l'école, son père le punit en le privant de ses jambières pendant trois semaines. Comment réagirions-nous si notre patron nous retirait un bonus qu'il vient tout juste de nous accorder parce que nous avons commis une erreur? Pourrions-nous continuer à entretenir une relation de confiance avec ce patron? Aurions-nous envie de nous améliorer, de collaborer?

Quand les punitions ne fonctionnent plus…

De très nombreux parents constatent qu'ils ont beau envoyer à répétition leur enfant réfléchir dans sa chambre, le comportement répréhensible ne s'améliore pas. Ils punissent l'enfant et lui retirent ses jeux et ses jouets favoris, mais le comportement désagréable revient. Si l'enfant répète le même comportement dérangeant malgré les punitions, c'est à l'évidence que cela ne fonctionne pas; l'enfant n'apprend pas à corriger son comportement et à faire mieux. À la garderie, à l'école, force est de constater que ce sont très souvent les mêmes enfants qui sont punis et pour les mêmes motifs. La punition n'est donc pas un moyen efficace. Pire, elle ne fait qu'aggraver la situation. Un comportement dérangeant, désagréable et inacceptable constitue un indice et il faut essayer de voir clair. Car, dans les faits, l'enfant est en train d'exprimer un besoin. Lorsque nous punissons, nous donnons à l'enfant une forme d'attention, mais nous sommes loin de répondre adéquatement à son besoin d'amour, de sécurité et de plaisir.

Éduquer signifie « faire advenir le meilleur ». Il importe donc de ne pas tomber dans le piège de croire que les punitions sont le remède aux problèmes de comportement de votre enfant, car loin de faire advenir le meilleur, elles provoquent plutôt un sentiment de rejet et parfois même un désir de vengeance.

La punition fait mal et provoque de l'insécurité

Le mot *punir* signifie frapper quelqu'un d'une peine. Faut-il vraiment apprendre à un enfant à mieux se conduire en lui infligeant une peine ? Y a-t-il vraiment des parents qui croient qu'il faut que « ça fasse mal à l'enfant pour qu'il s'en souvienne » ?

Avez-vous été puni dans votre enfance ? Comment vous sentiez-vous ? Ne trouviez-vous pas vos parents injustes de vous priver de vos activités les plus chères ? De vos amis à l'adolescence ou de votre émission de télévision préférée ? Ne vous disiez-vous pas que vous alliez recommencer à la première occasion, mais en étant cette fois-ci plus stratégique afin d'éviter de vous faire prendre ?

Un homme raconte : « J'avais 15 ans et la période scolaire arrivait à son terme, en juin. C'est alors que j'ai volé une bicyclette. Je l'ai démontée, j'ai caché les pièces, mais mes parents ont tout découvert deux jours plus tard. Ils étaient tellement fâchés qu'ils ont décidé de m'enfermer pour l'été dans la maison. J'ai pensé que je devais être un monstre pour subir pareil traitement. J'étais triste par moments, mais aussi révolté et rempli de pensées de haine et de vengeance envers mes parents. À 15 ans, on m'enlevait mes amis et ma liberté, ce à quoi je tenais le plus ! »

Pensez-vous qu'on a envie de collaborer ou de faire plaisir à des gens qui veulent nous blesser ainsi? Si on désire la collaboration de ses enfants, on n'y arrivera pas en les punissant. La recherche de moyens différents demande une grande ouverture d'esprit. Il en faut, quand on veut aborder de nouvelles voies pour aider les enfants à se corriger, à devenir meilleurs. Ils méritent qu'on les traite comme des personnes à part entière, comme des êtres valables, même lorsqu'ils agissent mal. Notre objectif, en tant que parent, doit être de développer une relation d'aide apte à diriger l'enfant vers un comportement adéquat et constant.

Les enfants ont tôt fait de découvrir notre façon de fonctionner. Nous leur offrons souvent ce qu'ils aiment le plus dans la vie, pour le leur enlever ensuite. Il y a des enfants qui s'empêchent de montrer leur joie devant un cadeau qu'ils désirent en se disant que si leurs parents se rendent compte à quel point ils aiment cet objet, c'est la première chose qu'ils vont lui enlever.

La punition dépend souvent de l'humeur du parent et elle est donc variable. Elle provoque de l'insécurité chez l'enfant qui ne sait jamais ce que le parent va lui enlever ni pour combien de temps. Les parents qui entretiennent la peur chez leur enfant pour obtenir sa collaboration peuvent réussir quand celui-ci a cinq ans. Toutefois, il y a des chances que ce soit lui qui, à 15 ans, profère des menaces. Peut-être même aura-t-il l'audace de les mettre à exécution…

Personne n'aime agir sous le coup de la peur, pas plus un enfant qu'un adulte. Et rappelons-nous que nous, les adultes, les parents, nous sommes des modèles!

Des résultats à court terme, mais…

À court terme, la punition semble donner des résultats puisqu'elle amène souvent l'enfant à réagir dans le bon sens, celui-ci craignant qu'on lui enlève quelque chose de précieux. À dire vrai, cela ne le rend pas plus responsable, mais simplement plus peureux. À long terme, il est certain que l'enfant n'aura pas appris à se maîtriser et à se discipliner. Mieux vaut donc travailler avec l'enfant plutôt que contre lui.

> Charles, 9 ans, manque de respect envers les autres. Il traite tous les jours d'autres enfants d'imbéciles, de niaiseux. Son père, fatigué d'entendre les éducateurs et les enseignants lui rapporter cette situation, décide de ne pas lui permettre de participer à un tournoi de hockey qu'il anticipe avec hâte. Depuis ce moment-là, les éducateurs rapportent au père que Charles respecte maintenant les autres. Il n'est pas difficile de comprendre que Charles doit avoir tellement peur de se faire retirer quelque chose qu'il aime, qu'il se retient en présence d'adultes. On peut croire que son comportement n'a pas tellement changé, mais qu'il s'arrange pour ne plus se faire prendre.

Les effets destructeurs des punitions répétées

Le goût de se venger

Un enfant puni de façon répétitive développe le goût de la vengeance. Haim Ginott, psychologue pour enfants, affirme en effet qu'au lieu « d'amener l'enfant à regarder ce qu'il a fait et à réfléchir aux façons de s'amender, la punition déclenche des désirs de vengeance. » Cela ne lui donne pas le désir profond d'être meilleur. Il a souvent envie de faire mal à son tour, d'enlever à ses parents ce à quoi ils tiennent le plus.

Louis, 19 ans, a été puni de façon répétée dans son enfance et dans son adolescence. Ses parents lui enlevaient régulièrement ce à quoi il tenait le plus. Par exemple, à 14 ans, il devait accompagner son meilleur ami et sa famille pour une petite sortie de fin de semaine. Lorsque son père a vu la faible note qu'il venait d'avoir en mathématiques, il a dit à Louis, une heure avant le départ, qu'il ne méritait pas ce privilège et qu'il resterait à la maison. Croyez-vous que cela lui a donné le goût de s'améliorer en mathématiques? Aujourd'hui encore, ses parents valorisent sa réussite scolaire au plus haut point. Ils rêvent de voir leur fils entreprendre de grandes études, comme eux. Sauf que maintenant c'est au tour de Louis d'enlever à ses parents ce à quoi ils tiennent le plus: sa réussite scolaire. Il a quitté le collège à quatre reprises. Lorsqu'il s'inscrit, ses parents sont heureux. Peu de temps après, il quitte les études et recommence son manège. Cette situation est triste, car en voulant se venger et leur déplaire, c'est à lui qu'il fait le plus de tort.

Annie, pour sa part, prétend avoir été punie si souvent à l'école qu'elle est condamnée à vivre avec le sentiment d'être « méchante » chaque fois qu'elle ne répond pas aux attentes des autres. Petite, elle se sentait tellement « méchante » quand on la punissait que ce mot et ce sentiment lui reviennent encore aujourd'hui quand elle ne fait pas plaisir aux autres.

L'enfant fréquemment puni par ses parents reçoit trop souvent comme message qu'amour et non-respect vont ensemble. Avec le résultat que pendant toute sa vie, il aura de la difficulté à se respecter et se faire respecter des gens qu'il aime. Il est difficile de reconstruire les fondations d'une maison. À l'inverse, l'enfant qui a reçu amour et respect de la part de ses parents imposera le respect et se respectera dans toutes ses relations.

Quel acquis pour un enfant que de se croire profondément aimable et respectable, que de s'aimer assez pour se respecter, que de s'accorder suffisamment de valeur pour ne laisser personne la diminuer ou lui en faire douter!

Une éducatrice spécialisée enseignait à un élève qui se comportait souvent de manière inacceptable et, lorsque cela se produisait, elle tardait à réagir. Elle l'informait alors qu'il apprendrait plus tard ce qu'elle comptait faire. Elle le laissait mariner avec sa mauvaise action, s'inquiéter et avoir peur de ce qu'elle allait lui infliger. Loin d'être animée par le désir d'aider l'enfant, de prendre soin de lui dans cette situation, elle avait plutôt le désir de le faire souffrir. Elle ne se cachait pas pour expliquer que c'était une sorte de petite vengeance et qu'il méritait de souffrir un peu, lui qui ne se gênait pas pour en faire autant avec d'autres. Nul doute que cet enfant percevait bien le ressentiment qui habitait l'éducatrice.

Punir, ça n'inspire pas le respect

Lorsque vous le punissez, l'enfant ne se sent pas respecté et n'a pas envie de vous respecter ni d'obéir à vos demandes et à vos règles.

Comment vous comportez-vous avec une personne pour laquelle vous avez beaucoup de considération ? Vous la traitez avec respect et considération. Il en va de même avec notre enfant. Si on le traite avec respect et considération même lorsqu'il commet des fautes, il se comportera comme une personne respectueuse et il aura de la considération pour les autres. Le traitant comme quelqu'un de bien, de capable et d'estimable, on évite de lui adresser des reproches qui nuiraient à son estime de soi; par contre, il faut accepter ses erreurs et regarder avec lui comment il peut se corriger et éviter les mêmes faux pas à l'avenir. La punition nuit à l'estime de soi de l'enfant autant qu'à celle du parent.

Rappelez-vous : lorsque vous êtes en train d'intervenir en punissant et en vous répétant, vous êtes déjà à la deuxième étape d'une discipline incitative. Se pourrait-il que vous ne vous investissiez pas suffisamment dans la première ? Démontrez-vous assez de sensibilité à l'égard de votre enfant ? Ses besoins affectifs sont-ils satisfaits ? Posez-vous maintenant ces quelques questions :

✓ Mon enfant est-il sécurisé par quelques règles et limites? Est-ce que j'interviens chaque fois qu'une règle est enfreinte? (besoin de sécurité)

✓ Est-ce que je lui accorde suffisamment d'attention gratuite et positive? (besoin d'amour)

✓ Est-ce que je lui donne du temps exclusif de jeu (20 minutes) plusieurs fois par semaine? (besoin d'amour et d'attention)

✓ Est-il suffisamment valorisé? Plusieurs fois par jour? A-t-il l'occasion de sentir chaque jour qu'il a de la valeur? (besoin de compétence)

✓ Exerce-t-il plusieurs choix chaque jour? (besoin de liberté)

✓ Ai-je quotidiennement des moments de plaisir et de rires avec mon enfant? (besoin de plaisir)

Si vous avez répondu «non» à l'une ou à plusieurs de ces questions, comblez d'abord les besoins de votre enfant. Là se trouve la base de la collaboration, en fait la première étape de la discipline incitative. Il se peut alors que vous n'ayez pas à intervenir. Malgré cela, si vous n'obtenez pas la collaboration de votre enfant, vous avez encore le choix de recourir à d'autres moyens que les punitions pour responsabiliser votre enfant (voir, à ce sujet, le prochain chapitre).

Les récompenses

Au même titre que les punitions, les récompenses visent à contrôler l'enfant tout en ayant l'avantage d'être moins désagréables. Beaucoup d'éducateurs croient que notre comportement — tout comme celui des enfants — est motivé par un stimulus extérieur à la personne. La récompense comme la punition relève d'une motivation externe. Qu'arrive-t-il le jour où «l'extérieur» n'est pas là, où il n'y a plus personne pour récompenser ou punir? Le contrôle n'étant plus, qu'arrive-t-il?

Imaginons ceci : votre enfant a relevé un défi en classe ou à la garderie, son comportement s'est amélioré grâce à vos encouragements et à vos stratégies d'aide et vous voulez le récompenser. Essayez la gratuité au lieu des récompenses. Vous pouvez dans un premier temps lui parler de votre fierté, le féliciter et lui dire que vous avez envie de lui faire plaisir, par exemple en jouant avec lui. N'est-ce pas naturel de vouloir plaire à quelqu'un qui nous a causé une grande joie ? C'est une sorte d'instinct naturel, très éloigné de la notion de contrôle (« Si tu as un bon comportement à l'école cette semaine, je t'achèterai un jeu », « Si tu es gentille à la garderie, nous irons manger une crème glacée »). L'enfant voit bien la différence entre les deux attitudes.

Il arrive même que les récompenses nuisent au sentiment de fierté. Vous est-il déjà arrivé de rendre service avec générosité, d'en être fier et qu'on ait voulu vous payer ? Si oui, se pourrait-il que vous en ayez ressenti un certain malaise ? L'élève qui travaille à réussir parce qu'il est fier de lui, de sa persévérance et de son investissement peut être choqué qu'on lui offre une récompense.

 Lucie a récemment accompagné sa mère à l'hôpital, celle-ci devant y subir différents tests. Elle a pris une journée de congé à ses frais, fière de rendre ce service à sa mère de 83 ans, de pouvoir être utile et d'avoir le sentiment d'être une fille attentionnée et généreuse. À la fin de la journée, sa mère, pour bien faire, a voulu lui donner 100 dollars. Ce geste a choqué Lucie, qui a refusé l'argent tout en ressentant moins de fierté pour sa journée.

Par ailleurs, avez-vous déjà rencontré des gens qui vous donnent envie d'être meilleur ? Cela m'est arrivé plusieurs fois. Il y a quelques mois, j'ai rencontré une personne qui, par le modèle de bonté qu'elle offre, incite à faire preuve de plus de bonté. Cela s'est traduit chez moi par une décision de reconnaître davantage toutes les personnes que je côtoie. J'ai décidé que lorsque j'aurais à remercier quelqu'un à l'épicerie, au garage ou au restaurant, je dirais « merci pour votre excellent service » et je regarderais la personne dans les yeux. Les sourires qui ont alors illuminé les visages m'ont apporté bien davantage que ce que j'ai offert. Quelques mots de plus produisaient une telle différence chez ces gens! Lorsqu'on prend le temps de souligner ces attitudes, on peut apporter beaucoup aux autres... et à soi-même.

Le danger des récompenses répétitives est le marchandage: «Qu'est-ce que tu me donnes si je fais ça?» Apprenons à nos enfants la gratuité et le bonheur de donner, de faire plaisir et de rendre heureux.

La plus belle motivation est celle qui vient de l'intérieur, la motivation intrinsèque. La meilleure des motivations tient sans doute au plaisir qu'on ressent à accomplir une tâche.

La meilleure récompense n'est-elle pas la fierté ressentie à être quelqu'un de bien ou à faire quelque chose de bien? Aidons nos enfants à vivre cette fierté et intervenons avec eux de sorte qu'ils éprouvent le plus souvent possible ce sentiment d'être de bonnes personnes et exigeons d'eux qu'ils se conduisent comme tel.

***

Un moment de réflexion

- Prenez le temps de découvrir les situations dans lesquelles vous avez l'habitude de punir votre enfant.
- Quelles sont les punitions auxquelles vous recourez le plus souvent?
- Quelles sont les situations dans lesquelles vous récompensez votre enfant?
- Que pourriez-vous faire d'autre?

***

CHAPITRE 5

Réparer plutôt que punir

Réparer ses fautes, c'est bien davantage qu'un moyen de discipline. C'est un acte d'amour et de foi en l'enfant, en ce qu'il a de plus humain et de meilleur. La réparation grandit, anoblit et humanise. C'est une façon d'être plutôt que de faire.

La réparation s'applique autant aux adultes qu'aux enfants. Lorsqu'on croit avoir causé du tort à quelqu'un, on fait en sorte de réparer son erreur. On retrouve alors le sentiment d'être quelqu'un d'humain, capable de commettre des erreurs, mais tout aussi capable de réparer le tort causé. Qui ne se sent pas mal à l'aise d'avoir causé du tort, particulièrement aux personnes aimées? En réparant ses torts, chacun retrouve le sentiment d'être bon, d'être quelqu'un de bien.

Demander à un enfant de réparer ses erreurs, c'est lui dire: « Je crois en toi. » Son comportement commence à s'améliorer quand on le traite comme s'il était déjà ce qu'il est capable de devenir.

La réparation, c'est quoi?

La réparation vise à compenser les conséquences d'une erreur et à dédommager la personne à qui on a causé du tort. Dans le cas d'un enfant, la réparation s'accomplit soit en donnant du temps, soit en prêtant un jeu ou un jouet, soit en effectuant une tâche. Par exemple, si votre enfant vous fait perdre du temps par son comportement, il doit le compenser en effectuant pour vous des tâches qui vous feront gagner du temps. Si le tort causé est matériel, le bris d'un objet par exemple, il faut réparer ou remplacer l'objet ou compenser par des tâches. C'est la personne en faute qui doit trouver comment réparer sa faute et proposer une réparation à la victime. Le geste réparateur doit faire du bien à la victime en même temps qu'il permet au fautif de retrouver le sentiment d'être une bonne personne, à l'inverse de la punition qui, elle, fait durer le sentiment d'être « méchant ».

Chacun est tenu de réparer le tort qu'il cause ou de demander réparation pour le tort qu'il subit, qu'il s'agisse de vous-même, de vos enfants ou des enfants qui viennent jouer chez vous. De cette façon, vos enfants sont respectés, même lorsque vous êtes absent, et ils apprennent à respecter les autres. De plus, il n'est que normal que vous exigiez que vos enfants réparent leurs erreurs lorsque vous êtes en visite ou dans un lieu public.

Quand et comment réparer ses torts ?

Vous avez à réparer un tort chaque fois que vous blessez une autre personne avec des mots ou des gestes, autrement dit que vous lui manquez de respect. Le mieux, c'est de l'exiger sans tarder. Toutefois, il peut y avoir un délai si une entente est conclue tout de suite après l'incident. Prenez l'exemple du garçon qui assure qu'il fera le lit de sa sœur le lendemain matin en guise de réparation. Si la proposition est acceptée par sa sœur, il est possible d'attendre au lendemain. De façon générale, la réparation amène à faire davantage attention aux autres et à leurs biens matériels.

Peut-on réparer un tort causé il y a plusieurs années ? Même si l'événement remonte à une période lointaine, la réparation permet d'affirmer enfin à l'autre personne qu'elle compte et que nous reconnaissons pleinement, malgré ce retard, toute l'importance qu'elle représente à nos yeux. Il n'est jamais trop tard pour essayer de s'amender, même s'il vaut mieux le faire le plus tôt possible.

Lorsqu'un enfant se comporte de façon inacceptable, nous devons l'aider à modifier son comportement afin qu'il apprenne à ne pas nuire aux autres. Pour ce faire, le blâme, la critique et les sermons ne sont d'aucune utilité. Pensons plutôt à ce que Socrate disait : « Il n'est pas de méthode d'enseignement plus efficace que celle de poser une série de questions. » Lorsqu'il y a manquement à une règle ou comportement désagréable ou carrément indésirable, exprimez-vous avec calme et demandez à votre enfant, par exemple :

✓ Qu'est-ce que tu as fait à ta sœur ?

✓ Est-ce que ton comportement convient aux règles établies dans la maison ?

✓ Crois-tu que c'est une bonne façon d'obtenir ce que tu veux ?

✓ Peux-tu trouver une meilleure façon de faire ?

✓ Les excuses, c'est bien, mais ce n'est pas suffisant. Comment comptes-tu réparer maintenant ?

Prenons l'exemple d'un garçon qui a manqué de respect envers sa sœur et qui lui propose une réparation. C'est à elle de décider si cela lui convient. Par contre, si le garçon n'a aucune proposition à faire, sa sœur peut lui en proposer, mais il ne doit pas être contraint d'accepter cette proposition.

 Un garçon ayant manqué de respect à sa sœur, celle-ci lui demande — en guise de réparation — qu'il lui fasse un massage de pieds. Il refuse et il a raison. Le fautif n'a pas le choix, il doit réparer ses torts, mais il est en droit de conserver sa dignité en proposant un geste réparateur qui lui convient.

Si vous voulez instaurer la réparation dans votre famille, créez-vous une sorte de « banque de réparation ». Chacun peut y spécifier la façon dont il désire être compensé pour un tort subi. Cela permet au fautif de réparer son erreur, même quand il lui est difficile de trouver une conséquence logique liée à son comportement.

Lorsque nous recourons aux punitions, nos questions et nos actions sont axées sur le passé ? « Pourquoi as-tu fait ça ? Va réfléchir dans ta chambre ! » À quoi peut bien réfléchir un enfant de 3 ans ? Nous nous attardons au geste répréhensible qui est passé et qu'il est impossible de rejouer autrement. À quoi bon s'entêter et manquer de vision ? En punissant l'enfant, on l'isole, il reste aux prises avec le sentiment d'avoir causé du tort et, de ce fait, de n'être pas quelqu'un de bien. Au contraire, les questions axées sur les solutions, utilisées lors du recours à la réparation, aident...

- l'enfant à peser le pour et le contre d'une situation ;
- à renforcer sa capacité à faire des choix ;
- à assumer la responsabilité de son geste ;
- à imaginer des solutions liées à son erreur pour la corriger, ce qui favorise sa créativité et augmente sa confiance en lui ;
- à devenir plus sensible aux autres et à respecter leurs différences ;
- à retrouver et à renforcer son estime de soi.

Le rôle de l'adulte consiste à s'assurer que la réparation est en lien avec le geste qui a causé le tort et qu'elle est raisonnable, la victime n'abusant pas indûment de la situation. À titre d'exemple, l'enfant qui exige en termes de réparation qu'on fasse son lit pendant toute l'année est déraisonnable. De même, la proposition faite aux parents par l'enfant concerné de laver les murs de la maison en guise de réparation n'est pas raisonnable.

Il faut voir également à ce que la réparation ait lieu le plus tôt possible après la faute et que l'enfant reçoive en même temps l'aide qui lui permettra de trouver un comportement de rechange pour la prochaine fois qu'il fera face à la même situation. « Quel comportement pourrais-tu adopter la prochaine fois que ta sœur entrera dans ta chambre sans permission au lieu de la traiter de "grosse imbécile" ? » « Je vais lui demander de frapper à la porte à l'avenir et je vais lui demander une réparation lorsqu'elle ne respectera pas mon territoire. »

Vous pouvez aussi aider votre enfant à devenir plus sensible en utilisant davantage le mot *comment*. Le *comment* fait appel au cœur alors que le *pourquoi* s'adresse au cerveau. Le « pourquoi as-tu fait ça » amène l'enfant à se questionner lui-même, à analyser son comportement et ce qui le cause quand il est déjà aux prises avec des sentiments complexes. Ainsi, lorsqu'on lui demande pourquoi il est entré dans la chambre de son frère sans sa permission, il tente de nous fournir une explication raisonnable et souvent il n'y parvient pas. Sa réponse se résume alors à « Je ne le sais pas. ».

« Comment penses-tu que ton frère se sent quand tu entres dans sa chambre et que tu prends ses effets sans sa permission ? » « Comment te sentirais-tu si on t'infligeait cela ? » On aide l'enfant à se placer dans la peau de l'autre. Au lieu de dire à l'enfant qui nous fait attendre : « Pourquoi n'es-tu jamais prêt à temps ? », demandons-lui : « Comment te sentirais-tu si, quand tu vas au cinéma avec Julien, je prenais tout mon temps pour vous y reconduire et que vous arriviez en retard ? » De la même façon : « Comment penses-tu que je me sens quand toi et ta sœur vous vous battez ? » et « Comment tu te sentirais si ta mère et moi on se battait de cette façon ? »

Quelques exemples de réparation

- Deux enfants qui se sont chamaillés, malgré les avertissements de leur père, vident le lave-vaisselle à sa place.
- Un enfant qui a uriné sur le gazon près de l'entrée de l'école a proposé de ramasser tous les déchets qui traînaient sur le terrain.
- Des élèves qui ont enfermé un des leurs dans une poubelle ont proposé, en guise de réparation, d'exposer à la classe un aperçu des dangers de cette action.

Il y a de multiples façons pour les enfants de réparer leurs fautes entre eux :

- en exécutant une tâche à la place de l'autre ;
- en faisant le lit de l'autre ;

- en lui prêtant un jouet qu'il aime ;
- en jouant avec l'autre à son jeu favori ;
- en lui lisant un conte ;
- en lui dessinant quelque chose qui lui fait plaisir ;
- en lui préparant une collation.

L'enfant qui brise un objet dans la maison devrait contribuer à le réparer ou compenser avec de l'argent s'il en a ou par des tâches qui aideront la personne à qui appartient l'objet brisé. L'enfant qui brise un livre devrait le recoller, avec l'aide de son parent s'il ne peut le faire seul. L'enfant qui salit le plancher devrait le nettoyer. Celui qui jette sa nourriture par terre devrait à tout le moins aider à nettoyer le plancher.

Lorsqu'un enfant vous retarde indûment le matin avant d'aller à l'école ou à tout autre moment, avisez-le qu'il devra dorénavant vous remettre ce temps perdu en assumant quelques tâches.

Lorsqu'il allait chercher son fils de 7 ans au service de garde, un père attendait jusqu'à 30 ou 40 minutes avant que ce dernier soit prêt. À partir du moment où il a averti son fils qu'il devrait lui remettre ce temps perdu en effectuant des tâches à la maison, le garçon a cessé de le retarder et est devenu plus sensible au temps des autres. De même, lorsqu'un enfant retarde toute la famille ou toute la classe, il doit trouver une façon de remettre du temps à tous ces gens. C'est de cette façon qu'il va apprendre que le temps des autres est important et qu'on doit le respecter. Ainsi, un petit de quatre ans qui retarde la sortie de tout le groupe de la garderie aura peut-être, au retour, à accrocher le manteau de chacun au vestiaire.

Lorsqu'un enfant manque de respect, le fait de s'excuser n'est pas suffisant pour lui apprendre à respecter les autres. Les excuses ne sont que des mots, elles ne suffisent pas. En ce qui concerne les gestes irrespectueux, le fautif doit réparer l'offense avec une action qui procure un bienfait à l'autre ou qui l'aide. En ce qui concerne les mots qui blessent et les insultes, la réparation devrait consister en trois appréciations positives de l'autre personne. À chaque manque de respect verbal, les trois mots réparateurs doivent être différents. Ainsi, lorsque le petit garçon, en signe de réparation, dit à sa sœur « Tu es gentille, généreuse, intelligente », le parent devrait ajouter : « En quoi ta sœur est-elle gentille ? Qu'est-ce qui te fait dire ça ? En quoi est-elle généreuse ? Sur quoi te bases-tu pour affirmer ça ? » On peut être assuré que le garçon va dorénavant surveiller ses paroles et apprendre à transmettre autrement son désaccord ou sa colère.

Ne vous attendez pas à ce que vos enfants sautent de joie lorsque vous leur apprendrez qu'ils doivent désormais réparer leurs torts. Il vaut mieux s'attendre à ce qu'ils manquent de respect à nouveau, à ce qu'ils vous testent et à ce qu'ils refusent de réparer. Ayez donc un plan « B » au cas où ils ne voudraient pas collaborer.

Pourquoi utiliser la réparation ?

La réparation permet à l'enfant de retrouver son estime de soi à l'inverse de la punition qui le laisse avec le sentiment d'être odieux. Reprenons l'exemple du père qui, au lieu de punir son adolescent en le privant d'une fin de semaine avec son ami à cause de ses faibles notes en mathématiques, aurait pu lui dire : « Ces notes ne sont pas à la hauteur de ton talent en mathématiques. » Il aurait pu lui parler de l'importance de ses notes, de ce qui risquait de lui arriver s'il continuait ainsi, et conclure en lui demandant : « Comment comptes-tu redresser la situation ? Que vas-tu faire à partir de lundi pour améliorer tes notes en maths ? » Il est fort probable que cette attitude bienveillante du parent lui aurait donné le goût de s'améliorer.

Au contraire de la punition, la réparation donne l'occasion à l'enfant de se comporter comme une bonne personne. En lui demandant de réparer au lieu de le punir, vous faites appel à ce bon côté de lui, à celui qui aime faire du bien, qui est fier de lui et qui s'estime.

Réparer ses torts, cela concerne aussi les parents

Puisque, en tant que parents, nous sommes des modèles, il est important de réparer nos erreurs avec nos enfants. Vous avez parlé trop fort à vos petits, racontez-leur une histoire en mettant de la douceur dans votre voix ou chantez-leur doucement une chanson. Puis, demandez-vous ce que vous devriez faire pour éviter de crier dans une même situation? Cela pourrait être tout simplement de leur dire: «Si je ne me retenais pas, je crierais après vous. Alors, j'ai besoin de votre collaboration. Pouvez-vous nettoyer immédiatement le dégât que vous avez causé?» Le seul fait de dire qu'on aimerait crier ou parler très fort nous soulage souvent et, en l'évitant, vos enfants sont à même de constater que vous êtes capable de vous dominer. Lorsque votre enfant ne veut pas quitter l'ordinateur et que vous devez lui répéter un nombre incalculable de fois de l'éteindre, il est humain d'avoir envie de lancer l'ordinateur par la fenêtre. Regardons ensemble comment cette situation peut s'améliorer.

 Une mère devait aller chercher ses deux fils à l'école. Prise par son travail, elle ne vit pas le temps passer et elle constata tout à coup qu'elle était en retard. Elle arriva à l'école plus de 30 minutes trop tard. Elle expliqua à ses enfants qu'elle était désolée, mais qu'elle les avait oubliés. Pour réparer son oubli, elle leur proposa de vider le lave-vaisselle à leur place le soir même et de promener le chien. En exécutant ces tâches, elle ressentit elle aussi la magie de la réparation et elle retrouva le sentiment d'être une bonne mère qui commet des erreurs, mais qui est capable de les réparer. De plus, comme elle ne voulait pas répéter la même erreur, elle se demanda ce qu'elle utiliserait comme truc la prochaine fois pour ne plus oublier. Elle décida qu'elle mettrait un réveille-matin pour s'assurer d'être là à temps.

L'enfant qui est puni fréquemment n'a que des relations négatives avec les autres. Pour sa part, celui qui apprend à réparer ses torts développe des liens positifs.

Jasmin, 8 ans, ne manque jamais une occasion de déranger ses deux plus jeunes frères, de les agacer, de leur causer du mal aussi et de les faire pleurer. Sa mère, Nathalie, trouve cette situation très difficile, d'autant plus que son plus vieux n'a pas l'air heureux. Il devrait être enjoué et rieur à son âge, ce qui n'est pas le cas. Quoi qu'il en soit, elle envoie Jasmin dans sa chambre chaque fois qu'il s'en prend à ses deux jeunes frères. Comme c'est l'été et qu'ils sont ensemble toute la journée, Jasmin se retrouve très souvent dans sa chambre. Sa mère, fatiguée de toujours répéter le même discours, décide de changer de stratégie. Elle va passer plus de temps seule avec son fils et, en même temps, elle l'avertit qu'elle ne veut plus le voir blesser ses frères. Pour cela, elle ne l'enverra plus dans sa chambre, mais lui demandera plutôt de réparer son mauvais comportement envers ses frères. Rapidement, un changement se produit. La première journée, Jasmin passe sa journée à réparer ; la deuxième journée, il doit le faire trois fois, et la troisième, une seule fois. Le plus beau, c'est que, depuis, il passe ses journées à jouer avec ses petits frères, ce qu'il n'a jamais fait depuis leur naissance. Et de plus, il a l'air heureux et enjoué.

Nathalie a fait tout un cadeau à son fils ! En lui demandant de réparer ses torts envers ses frères, elle a fait appel au « bon frère » en lui. C'est comme si elle lui avait dit : « il y a en toi un grand frère bon et merveilleux. Montre-le-nous ! » Auparavant, retiré dans sa chambre, Jasmin ne nourrissait sûrement pas de sentiments très tendres envers lui-même ; le sentiment d'être un frère méchant devait l'habiter. Maintenant, il peut être fier du frère qu'il est et agir selon cette nouvelle image positive qu'il a de lui-même. En cela, il est comme bien d'autres enfants qui apprennent à réparer les torts qu'ils font subir aux autres et qui adoptent immédiatement un comportement meilleur de façon à être fiers d'eux. La réparation opère comme par magie. Elle est un cadeau inestimable à s'offrir à soi-même et à offrir à notre enfant.

À partir de quel âge peut-on utiliser la réparation ?

Le parent peut inviter son enfant à recourir à la réparation dès qu'il est en âge de causer du tort à un autre. On ne parle pas ici de l'enfant de 12 mois qui jette sa nourriture par terre ni du tout-petit qui vous mord et qui vous aidera tant bien que mal à tenir une compresse froide sur votre morsure.

 Martine et Paul tiennent un service de garde à la maison. Ils décident de mettre en pratique la réparation avec les enfants de tous les âges, car ils constatent que les punitions n'arrivent pas à modifier les comportements de certains enfants. Après un certain temps, après avoir accompagné les petits dans leur réparation à maintes reprises, ils constatent que ceux-ci pratiquent la réparation entre eux sans l'intervention d'un adulte. Par exemple, en félicitant un enfant qui partageait son jeu avec un autre, ils ont appris que cet enfant réparait de lui-même le geste agressif qu'il avait commis à l'égard de l'autre enfant.

Que faire lorsque l'enfant ou l'adolescent ne veut pas réparer ses torts ?

Les parents doivent s'attendre à de la résistance lorsqu'ils demandent à leur adolescent de 13 ou 14 ans de réparer ses torts, surtout les comportements désagréables qui durent depuis quelques années et qui mettent souvent en cause les parents eux-mêmes. S'il refuse, il importe de mettre en pratique un plan « B », qui consiste à demeurer bienveillant, sans intention de se venger, mais ferme dans la volonté de faire cesser ces comportements.

 Des parents, décidés à faire cesser les manques de respect de leur adolescent à leur égard, ont dû trouver une solution de rechange quand ils constatèrent qu'il refusait toute idée de réparation. Ils ont donc dressé la liste de toutes les tâches qu'ils accomplissaient pour lui, ayant le sentiment qu'ils ne se respecteraient pas eux-mêmes s'ils continuaient à prendre soin de lui alors que celui-ci les traitait de façon désagréable. Ils ont constaté que celui-ci était tout à fait en mesure d'accomplir par lui-même ces quelques tâches. À cause de son attitude irrespectueuse et de son intransigeance à ne pas réparer, il devrait dorénavant se débrouiller par ses propres moyens pour se rendre à l'école, préparer ses repas et faire son lavage. Pendant une dizaine de jours, l'adolescent se plia bon gré mal gré au nouveau régime instauré et ses parents résistèrent à la tentation d'abandonner leur plan. Ils reçurent au bout de cette période une lettre de leur enfant leur indiquant à quel point il les appréciait... et la situation changea radicalement à partir de là. Il devint de bonne humeur, riait souvent, aimait raconter ce qui se passait à l'école et proposa son aide à la cuisine ou pour les travaux de jardinage.

Un fils irrespectueux ne peut être fier de ce qu'il est. Il a une très faible estime de soi en tant que fils. À partir du moment où les parents exigent d'être respectés et demandent réparation, l'enfant se voit offrir l'occasion de se comporter en fils digne, respectueux et sensible à leur besoin de considération. Quand on exige le respect, on transmet le message suivant à son enfant : « Tu as tellement de valeur pour moi que j'exige que tu te comportes comme un être de valeur. » Y a-t-il plus beau cadeau à lui offrir ?

Trouver un comportement de rechange

Il y a une technique utilisée dans certains centres communautaires ou de santé et qui a pour objectif d'amener les enfants à comprendre l'importance de se comporter respectueusement envers leur entourage, et en toutes circonstances. Il s'agit tout simplement de prendre une feuille de papier vierge, représentant l'estime de soi, de la froisser devant l'enfant en lui disant : « Voilà ce que tu fais à ton frère ou à ta sœur quand tu l'insultes ou que tu lui fais mal. Tu le froisses, tu l'écrases, tu n'en prends pas soin. Maintenant, voyons ce qui se passe lorsque tu répares. »

L'étape suivante, consiste à l'amener à réaliser les bienfaits de la réparation. On lisse alors la feuille, on tente de lui redonner son apparence première, mais sans y arriver tout à fait. Il en va de même quand on manque de respect à quelqu'un : on a beau s'excuser et réparer, l'autre ne sera plus jamais comme avant. Les mots ou les gestes blessants laissent des traces chez l'autre.

Il importe d'insister auprès de son enfant pour que, après avoir réparé ses torts, il trouve des façons de mieux agir dans des situations similaires.

Il est toujours temps de réparer ses fautes

Quelques jours avant le décès de ma mère, je lui ai rendu visite sans savoir que ce serait notre dernier moment ensemble, puisqu'elle était en excellente santé malgré ses 84 ans. Nous avons parlé de la vie et elle m'a demandé s'il m'arrivait d'avoir des regrets par rapport à mes enfants, s'il y avait des comportements que je me reprochais avec eux. Elle poursuivit en me disant qu'elle-même aimerait tellement recommencer certains épisodes de sa vie, en particulier quand ma sœur et moi étions en bas âge. « Vous ravoir petites, vous dire combien je vous aime. Je m'en suis trop privée inconsciemment. J'étais impatiente et la colère m'emportait parfois. Comme j'agirais autrement maintenant ! »

J'étais peinée par son désarroi et je n'ai pas hésité à la rassurer, car elle s'était reprise par la suite et avait amplement réparé ses torts. « Chaque fois qu'on se parle au téléphone, que tu m'écris ou qu'on se voit, tu me dis que tu m'aimes et que tu es fière de moi. Tu es patiente, tolérante et si bonne avec nous. », lui dis-je.

Son visage s'est détendu. Ce fut là notre dernière conversation puisqu'une complication soudaine l'a emportée quelques jours plus tard.

Quand l'adulte assume son autorité, prend soin de son enfant, le sécurise et le traite comme une véritable personne, quel soulagement pour l'enfant !

***

Un moment de réflexion

- Incitez-vous vos enfants à pratiquer la réparation ? Si oui, dans quelles circonstances ?
- Essayez d'imaginer trois situations dans lesquelles vous auriez vous-même à réparer vos erreurs ?
- Que proposeriez-vous comme réparation, dans les trois cas ?

***

CHAPITRE 6

Appartenir à une famille de rêve

Le sentiment d'appartenance

Une famille de rêve, cela ressemble à quoi ? Bien sûr, c'est un espace de vie qui comporte beaucoup d'amour. On peut penser également qu'il s'agit d'un lieu où les enfants respectent des règles et contribuent aux tâches familiales et ménagères. Qu'y a-t-il d'autre ? Un fort sentiment d'appartenance ? Sûrement !

Chez l'adulte, le sentiment d'appartenance se définit comme un sentiment de satisfaction à faire partie d'un groupe — qu'il s'agisse d'une famille, d'une équipe de travail ou de loisir — avec lequel il entretient des liens serrés. Ce sentiment constitue une très grande source de motivation au travail. Il se développe grâce à l'ouverture aux autres, au partage d'activités, à l'entraide, à l'appréciation mutuelle et au respect de soi et des autres.

Chez les enfants, le sentiment d'appartenance se vit en premier lieu dans la famille et il se développe grâce à la qualité des relations entre ses membres. D'où l'importance de l'entente sur des objectifs communs, du respect des différences et du recours à la réparation lorsqu'il y a des heurts ou simplement des manques. Si l'enfant n'est pas respecté dans sa propre famille par ses parents ou par la fratrie, comment arrivera-t-il à se faire respecter dans sa vie présente et à venir. « La famille, premier noyau d'appartenance de l'enfant, comme l'explique Germain Duclos dans *L'estime de soi, un passeport pour la vie*, conditionne ou influence beaucoup sa capacité future d'adaptation. » Ainsi, l'enfant répète dans d'autres groupes ce qu'il a vécu et appris chez lui. «C'est grâce au soutien des membres de sa famille, poursuit-il, que l'enfant parvient à dépasser son égocentrisme et à tenir compte des autres. Il apprend ainsi à communiquer, à s'affirmer, à assumer des responsabilités, à respecter les règles établies et à partager.»

Établir des règles

Les règles que nous édictons découlent des valeurs que nous privilégions. Quelles valeurs souhaitez-vous transmettre à votre enfant? Quelle sorte d'enfant souhaitez-vous qu'il devienne? Désirez-vous qu'il se transforme en adulte respectueux, sensible aux autres, ordonné, soucieux du travail bien fait, capable de pendre soin de sa santé...? Les règles découlent également de notre personnalité, de nos connaissances et de nos habitudes. Elles sont nécessaires au bon fonctionnement de la famille. Elles servent à sécuriser l'enfant et à le guider dans son développement. Comme le note également Germain Duclos, «l'élaboration de règles de discipline n'a pas pour but premier d'assurer le bien-être des adultes, mais de protéger l'enfant, de le sécuriser et d'en prendre soin. Ces règles, nécessaires pour amener l'enfant à acquérir une conscience morale et sociale, de même qu'une autodiscipline et un sentiment de sécurité, doivent comporter certaines caractéristiques.». Ces règles, selon lui, doivent être claires, concrètes, constantes, cohérentes et conséquentes.

Claires

- Elles véhiculent des valeurs éducatives (respect de soi, des autres, de l'environnement).
- Elles s'appuient sur le constat que les enfants de 6 à 12 ans n'ont pas la capacité d'intégrer et de mettre en application plus de cinq règles à la fois.

- Il doit y avoir consensus des adultes autour de ces règles afin que l'enfant puisse constater qu'il vit dans un milieu stable et cohérent. L'absence de consensus débouche sur des contradictions qui ne manqueront pas d'embrouiller l'enfant et de provoquer chez lui de l'insécurité.

Concrètes

- Les règles sont établies en fonction d'actions précises qu'on veut voir se réaliser.
- Elles sont formulées sur le mode positif.
- Elles sont réalistes, pour que l'enfant soit capable de les respecter.

Constantes

- Elles sont appliquées avec une douce fermeté.
- Elles ne varient pas au gré de l'humeur de l'adulte.
- Elles ont comme caractéristique de sécuriser les enfants.
- Elles amènent les enfants à voir leurs parents comme des êtres justes, fiables et dignes de confiance.

Cohérentes

- L'adulte prêche par l'exemple en agissant lui-même selon les valeurs qu'il se propose de transmettre. Il doit notamment se demander s'il résout ses conflits de la façon dont il demande à l'enfant de le faire.
- Elles sont cohérentes puisque l'enfant verra l'adulte agir en fonction de ce qu'il prône. Un témoignage en quelque sorte qui inspire sécurité et confiance.

Conséquentes

- Elles incitent l'enfant à assumer les conséquences de ses actes puisque le but est de l'amener à développer et à intégrer le sens des responsabilités.

- Elles impliquent des conséquences logiques ou naturelles, étroitement liées à l'acte reproché.

- Elles prennent la forme d'un geste réparateur positif. « Lorsque l'enfant a réparé sa faute, souligne Germain Duclos, l'adulte doit souligner son geste positif afin que l'enfant vive le moins longtemps possible avec une image négative de lui-même. »

Les parents doivent établir le plus clairement possible leurs exigences et leurs règles en ce qui concerne les relations entre les membres de la famille (langage et gestes), le comportement à l'heure des repas, des travaux scolaires et du coucher, en ce qui a trait au rangement, à l'exercice physique, à l'hygiène person-nelle, à l'usage du téléviseur et des jeux électroniques, etc. Le résultat de l'adoption et de la mise en pratique des moyens pro-posés incite les enfants à collaborer encore davantage lorsque les besoins physiques et affectifs sont comblés.

De plus, les parents doivent exprimer fréquemment leur appréciation lorsque l'enfant respecte leurs règles. Une fois les exigences établies, ils doivent l'avertir qu'il assumera les consé-quences d'un non-respect des règles et qu'il devra réparer ses torts. Il est stratégique d'en discuter au préalable avec l'enfant en âge de comprendre. De même, les parents doivent décoder ce que l'enfant exprime par son comportement et, ainsi, l'aider à satisfaire ses besoins d'une façon acceptable dans le respect des valeurs qu'ils souhaitent véhiculer.

 Au garçon qui se lève sans cesse durant le repas, le père adresse le commentaire suivant : — « C'est difficile pour toi de rester assis durant le repas. Tu as passé toute la journée assis à l'école. Mais comment te sentirais-tu si je me levais constamment lorsque nous jouons aux échecs ? As-tu une solution pour demeurer assis durant le repas ? Qu'est-ce que je peux faire pour t'aider à rester assis ? »

Cet exemple démontre un investissement de temps plus considérable que celui-ci qui consisterait à demander à l'enfant sans autre avertissement de quitter la table. Les deux mènent au même résultat : l'enfant restera assis pendant le prochain repas. Toutefois, ce que vous lui aurez appris sera fort différent. Si vous utilisez la menace et la punition, vous lui aurez appris à menacer et à punir. Si vous faites appel à des moyens incitatifs, vous lui enseignez à être une personne qui peut mener sa vie avec dignité. Les parents ont une influence considérable dans ce choix, ne négligez pas d'intervenir, vous avez une position privilégiée auprès de lui.

Partager les tâches familiales

L'enfant apprend que, pour vivre en société, chacun doit collaborer. De nombreux parents assument toutes les tâches domestiques et familiales, parce que cela va plus vite ou parce qu'ils veulent éviter les conflits ou encore parce qu'ils excusent leurs enfants : « Il a eu une grosse journée et il est trop petit ». Dans ces conditions, comment l'enfant apprendra-t-il que tout n'arrive pas par magie et qu'en partageant les tâches autant que le plaisir, tous et chacun peuvent s'épanouir ?

 Il m'a toujours semblé juste que mes enfants, même dans leur jeune âge, contribuent aux tâches ménagères. De plus, j'avais besoin, tout comme eux, de loisirs et de moments de détente. Ils devaient donc collaborer, d'autant plus que je n'arrivais tout simplement pas à tout faire. À une époque, je travaillais tous les jours et plusieurs soirs par semaine. Au moment du repas du soir, sans leur aide, je n'y serais pas arrivée. Je comprenais qu'ils avaient trimé dur toute la journée à l'école et qu'ils avaient envie de jouer, mais aussi que j'avais besoin de leur aide pour préparer le repas : « Que souhaitez-vous faire pour m'aider ? » « Rien ! », m'ont-ils répondu en chœur. Je leur ai expliqué que, dans ce cas, il n'y aurait pas de souper, même si j'aimais bien passer ce moment avec eux. J'imagine qu'étant affamés et pas assez habiles en cuisine

> pour préparer seuls leur repas, ils n'avaient pas vraiment le choix. Ils ont donc collaboré. Peu de temps après, dès qu'ils arrivaient de l'école, j'entendais : « Qu'est-ce que je peux faire pour t'aider ? » Mon plus jeune fils devint un créateur de salades de toutes sortes. Quelle fierté pour lui lorsque nous dégustions ses créations ! Aujourd'hui, tous les deux savent cuisiner et ils y excellent. Nous avons inventé un espace d'échanges et de créativité par cette activité culinaire.

Tous les enfants ne réagissent pas de cette façon. Ceux qui résistent ne savent pas encore quel cadeau extraordinaire les parents leur donnent en les amenant à collaborer aux tâches familiales. Le message qui passe est le suivant : « Je t'aime suffisamment pour t'apprendre à te passer de moi, pour te vouloir autonome. Je te donne ma confiance, je te sais capable d'exécuter cette tâche et de bien l'exécuter. » L'amour et la confiance donnent des ailes et c'est là l'objectif poursuivi : apprendre aux enfants à se passer de nous.

Plus nous commençons tôt, plus il est facile d'obtenir leur collaboration. De plus, en devenant responsables de quelques tâches avant même d'entrer à l'école, les enfants acceptent plus facilement d'assumer leurs tâches scolaires.

Dès l'âge de 2 ou 3 ans, l'enfant est en mesure de rendre de menus services, d'exécuter des tâches toutes simples. Lorsqu'il imite ses parents ou lorsqu'il se dit « capable », il faut profiter de sa motivation et l'encourager. De façon générale, les enfants devraient accomplir leurs tâches : ranger leur chambre, faire leur lit, mettre leur linge sale au lavage, placer leur vaisselle au lave-vaisselle. De plus, ils devraient remplir une petite tâche quotidienne pour le bien de toute la famille (mettre le couvert, desservir, préparer une salade…), selon leur stade de développement et leurs compétences. Ils devraient également s'acquitter d'une tâche hebdomadaire (ménage, déchets…).

Les tâches en fonction de l'âge de l'enfant

Un enfant de 2-3 ans peut...

Se brosser les dents (avec un peu d'aide).
Ouvrir le robinet et faire couler un verre d'eau.
Déposer ses couches sales dans la poubelle.
Placer les cuillères sales dans le lave-vaisselle.
Déposer les vêtements mouillés dans la sécheuse.
Apporter des plats sur la table aux repas.
Se laver les mains et les essuyer.
Déposer son linge sale dans le panier.
Ramasser ses jouets (avec un peu d'aide).
S'habiller (avec un peu d'aide).

Un enfant de 4-5 ans peut, en plus des tâches citées plus haut...

Sortir ses jouets de la baignoire et retirer le bouchon.
S'habiller seul.
Apporter les assiettes et les ustensiles à la table.
Remplir le plat d'un animal d'eau, de nourriture.
Sortir les ustensiles du lave-vaisselle et les ranger.
Ramasser et ranger ses jouets.

Un enfant de 6 ans peut, en plus des tâches citées plus haut...

Ramasser les feuilles mortes.
Passer un linge humide sur la table après le repas.
Ranger son assiette et son verre sale dans le lave-vaisselle.
Se laver les cheveux (sous la supervision d'un adulte).

Signer lui-même ses cartes de souhaits et de remerciement.

Apporter son aide à l'épicerie en mettant lui-même certains articles dans le panier et en portant un sac léger.

Aider à sortir les sacs d'épicerie de la voiture.

Un enfant entre 7 et 9 ans peut, en plus des tâches citées plus haut...

Régler le réveille-matin.

Laver le lavabo et la baignoire.

Débarrasser la pelouse des mauvaises herbes.

Chercher des mots dans le dictionnaire.

Se laver les cheveux.

Préparer un sandwich et sa boîte à lunch.

Épousseter le salon.

Rédiger et poster ses invitations d'anniversaire.

Desservir et nettoyer la table.

Ranger sa chambre et faire son lit.

Balayer le plancher.

Laver la voiture.

Préparer son petit-déjeuner.

Promener le chien.

Remplir et vider le lave-vaisselle.

Ranger les vêtements propres.

Aider à la préparation des repas.

Sortir les ordures.

Nettoyer et ranger les tiroirs et les placards.

Commencer à gérer son argent de poche sous la supervision d'un adulte.

Organiser correctement la routine pour ses devoirs et leçons.

Préparer ses vêtements et son sac d'école pour le lendemain.

Un enfant entre 10 et 12 ans peut... en plus des tâches citées plus haut

Tondre le gazon.

Passer l'aspirateur.

Préparer des repas simples.

Utiliser la laveuse et la sécheuse.

Comparer les prix à l'épicerie et calculer le montant à l'aide d'une calculatrice.

Comment inciter les enfants à participer aux tâches ménagères?

Pour inciter les enfants à participer aux tâches ménagères, les parents doivent d'abord servir de modèles. Est-il possible que les parents accomplissent les tâches ménagères sans maugréer et en essayant même d'y prendre plaisir, de fredonner tout en s'affairant au ménage, par exemple? Du jeu, de l'humour, voilà qui est plus attirant et motivant pour l'enfant. Aussi, plutôt que d'exprimer son «écœurement» de tout faire seul, un parent habile indiquera ses limites et ses besoins. Par la suite, il peut demander ce que chacun est prêt à accomplir et, idéalement, il laissera l'enfant choisir la tâche qu'il préfère. Au cas où deux enfants choisiraient la même tâche, il procédera à un tirage au sort. Le moment de l'exécution des tâches doit être clair et sans ambiguïté et les deux parties (parent et enfant) doivent convenir ensemble des conséquences qui découlent d'un manquement à ce contrat. Enfin, le parent encouragera son enfant à les exécuter et s'assurera du respect de la règle suivante: «Les tâches d'abord, le plaisir ensuite». Ainsi, on n'ouvre le téléviseur qu'une fois terminé le rituel du matin, on s'acquitte du ménage avant d'aller au cinéma en famille et on range sa chambre le samedi avant d'aller jouer avec les amis.

Rêves de famille

Pourquoi ne pas inviter votre famille à un souper de fête sous le thème « Une famille de rêve » ? Planifiez ensemble le menu et la décoration et demandez à chaque membre de la famille comment il pourrait collaborer à ce souper. Idéalement, il faudrait s'entendre sur le rôle de chacun. Qu'est-ce qui ferait en sorte que ce soit un souper de fête ? Établissez l'objectif de ce souper et demandez à votre enfant, s'il est en âge de le faire, de réfléchir à ce que doit être « une famille de rêve ». Et, pendant le repas, chacun prend la parole et partage ses réflexions sur « une famille de rêve ».

Par exemple : Une famille de rêve, c'est une famille où…
- on ne crie pas ;
- on se sent une bonne personne ;
- on mange ce que l'on veut ;
- on a du plaisir ensemble ;
- on mange devant la télé ;
- on peut rester en pyjama les matins de fin de semaine ;
- chacun se sent apprécié ;
- il y a de l'entraide ;
- on peut inviter des amis à coucher ;
- on s'encourage les uns les autres ;
- on peut choisir une activité de famille chacun son tour ;
- on se traite avec respect ;
- on évite la chicane.

Ensuite, reprenez chacun des thèmes et demandez-vous ensemble si cela est réaliste. Si oui, que peut-on faire pour y arriver, quand et comment cela peut-il se réaliser ? Voici quelques exemples.

On ne crie pas. « Êtes-vous d'accord ? » Les enfants le seront sûrement, surtout s'ils vous entendent crier dans la maison ! « Quels moyens disposons-nous pour cesser de crier chez nous ? » On pourrait placer une chaise dans un lieu calme de la maison avec un baladeur et de la musique qui inciterait au calme où on se retirerait quand on sent monter la tension.

Il y a de l'entraide. «Êtes-vous d'accord?» «Mais quand pourrait-on s'entraider?» À l'heure des repas, par exemple, ou lorsqu'un enfant a une tâche difficile à réaliser, par exemple un travail de recherche. «Comment pourrait-on s'entraider?»

On mange ce que l'on veut. «Est-ce réaliste?» Non. Par ailleurs, les membres de la famille ne pourraient-ils pas choisir, à tour de rôle, le menu d'un repas du soir par semaine?

Ces repas en commun sont une excellente occasion d'échanger sur nos succès, nos difficultés, nos projets et, surtout, de prendre le temps d'être en relation, à l'écoute les uns des autres sans être bousculés par un horaire strict à respecter. En nous nourrissant, nous enrichissons également les liens qui nous unissent les uns aux autres. De plus, nous renforçons considérablement le sentiment d'appartenance à la famille.

Ces réunions de famille autour de la table sont aussi des moments où chacun peut s'exprimer sur les améliorations souhaitées à la vie commune. On le fera avec le désir de ne pas blesser, de préserver l'estime de soi et la dignité de l'autre. Il y a une façon simple de dire ce qui est désagréable sans froisser personne; cela consiste à partir d'observations ou de paroles précises. «Quand tu dis… ou fais… je me sens…», «Quand tu te lèves de table plusieurs fois pendant le repas, je me sens exaspérée.». Vous pouvez aussi apprendre aux enfants à dire simplement «Je n'aime pas quand…» s'ils sont trop petits pour nommer leurs sentiments. «Je n'aime pas quand Jérémie me pousse dans l'escalier comme il l'a fait ce matin.» Cela évite les jugements du genre: «Tu as été méchant quand tu m'as poussée dans l'escalier.»

Il s'agit aussi d'une occasion en or de dire aux autres ce qu'on apprécie chez eux.

«Ce que j'ai apprécié chez toi, Jérémie, c'est d'avoir ramassé mes jouets pendant que je terminais mon travail de recherche.»

« Ce que j'ai apprécié de toi, Julie, c'est que tu me dises clairement, avec des mots, les raisons de ta colère contre moi. »

« Ce que j'ai apprécié de toi, maman, c'est que tu es restée calme quand je suis entré dans la maison avec mes bottes mouillées et que tu m'as seulement demandé de nettoyer mon dégât. »

« Ce que j'ai apprécié chez toi, papa, c'est ton calme quand je me suis mise en colère durant mes devoirs. Tu m'as dit simplement : "Comme ce doit être frustrant de ne pas se rappeler comment résoudre le problème. Est-ce que je peux t'aider, Marie-Ève ?" Je me suis senti une grande personne. »

Il est important de reconnaître l'autre, non seulement pour ce qu'il accomplit, mais également pour ce qu'il est. Il importe pareillement de reconnaître les efforts et non seulement les résultats. Imaginez maintenant les liens que vous allez tisser et solidifier entre vous par ces simples moments de relation authentique. Imaginez ce que vos enfants en retireront dans leurs relations actuelles et futures !

S'émerveiller à tout âge

Vous souvenez-vous de la dernière fois où quelqu'un s'est émerveillé devant ce que vous avez réalisé, devant l'une de vos idées ou l'une de vos actions ? Comment vous êtes-vous senti ? Avez-vous ressenti que vous étiez unique au monde ? Il s'agit vraiment d'un sentiment incomparable.

Vous-même, devant quoi vous émerveillez-vous ? Un coucher de soleil, le génie d'un architecte, le courage d'un ami ? Qu'y a-t-il d'unique et de merveilleux dans chacun de vos enfants, chez votre conjoint ou votre conjointe ? Qu'y a-t-il d'unique et de merveilleux en vous ? Reconnaissez-vous bien que votre enfant est totalement unique ? Lorsqu'on reconnaît cette réalité, on donne à l'enfant des ailes pour actualiser sa différence et se réaliser pleinement, car il se sait aimé et reconnu.

***

Un moment de réflexion

- Il importe de bien réfléchir avant de décider des règles qu'on souhaite établir chez soi.
- Demandez-vous comment vous interviendrez lorsqu'il y aura des manquements à ces règles. Conséquences, réparation, retrait?
- À votre avis, qu'est-ce qu'une famille de rêve?
- Quand et comment allez-vous communiquer votre émerveillement à votre enfant?

***

CONCLUSION

De nombreux parents estiment qu'en disciplinant leurs enfants, ils sont devenus eux-mêmes plus disciplinés, qu'en respectant davantage leurs enfants, ils ont appris à mieux se respecter et que l'amour d'eux-mêmes a grandi au même rythme que l'amour de leur enfant. Ils se sont vus grandir et s'épanouir tout au long de cette expérience de vie, la plus riche et la plus passionnante qui soit.

En tout enfant, il y a cet enfant unique et merveilleux qui n'attend qu'un adulte ayant foi en lui et le traitant comme un être digne pour apprendre à bien se comporter et à s'épanouir au contact des autres. En tout parent, il y a une personne qui aspire profondément à donner le meilleur de soi-même et à être un modèle de réalisation pour son enfant.

Aujourd'hui, je souhaite que tout parent, que tout éducateur réalise ses rêves et s'épanouisse pleinement dans sa mission d'éducation, afin qu'à leur tour les enfants s'aiment et s'épanouissent dans leur vie actuelle et future.

Références bibliographiques

Barkley, R.A. *Defiant Children: Parent-Teacher Assignments.* New York: Guilford Press, 1987.

Benoit, J.A. *Le défi de la discipline familiale.* Montréal: Éditions Quebecor, 1997.

Charles, C.M. *La discipline en classe: de la réflexion à la pratique.* Saint-Laurent: ERPI, 1997.

Chelsom Gossen, D. *La réparation: pour une restructuration de la discipline à l'école.* Montréal: Chenelière/McGraw-Hill, 1997.

Cloutier, G. *Programme de formation pour les parents d'enfants défiant l'autorité parentale.* Montréal: G. Cloutier, 1999.

Dreikurs, R. *Le défi de l'enfant.* Paris: Laffont, 1972.

Duclos, G. *L'estime de soi, un passeport pour la vie.* Montréal: Éditions de l'Hôpital Sainte-Justine, 2000.

Duclos, G., D. Laporte, et J. Ross. *Les besoins et les défis des enfants de 6 à 12 ans.* Saint-Lambert: Éditions Héritage, 1994.

Duclos, G., D. Laporte, et J. Ross. *Les grands besoins des tout-petits.* Saint-Lambert: Éditions Héritage, 1994.

Glasser, C. *Mon monde de qualité.* Montréal: Chenelière/McGraw-Hill, 1997.

Glasser, W. *L'école qualité: enseigner sans contraindre.* Montréal: Éditions Logiques, 1996.

Glasser, W. *La thérapie de la réalité.* Montréal: Éditions Logiques, 1996.

Glasser, W. *La théorie du choix.* Montréal: Chenelière/McGraw-Hill, 1997.

Lavigueur, S. *Ces parents à bout de souffle.* Montréal : Éditions Quebecor, 1998.

Musson, S. *Les services de garde en milieu scolaire.* Sainte-Foy : Presses de l'Université Laval, 1999.

Reasoner, R.W. *Comment développer l'estime de soi.* Edmonton : Psychometrics Canada, 1995.

Sévérin, G. *Que serais «je» sans «toi»?* Paris : Éditions Albin Michel, 2001.

Sullo, R.A. *J'apprends à être heureux.* Montréal : Chenelière/ McGraw-Hill, 1998.

Wells, K.C. *Comprendre et traiter les enfants et les adolescents atteints de troubles oppositionnels et de troubles de conduite.* Ottawa : J & D Seminars, 1999.

RESSOURCES

Livres pour les parents

Aimer sans tout permettre
Dodson, Fitzhugh
Alleur : Marabout, 2007. 350 p. (Enfant éducation)

Arroser les fleurs, pas les mauvaises herbes ! Une stratégie qui révolutionne les relations professionnelles, amoureuses, familiales
Peacock, Fletcher
Montréal : Éditions de l'Homme, 2007. 149 p.

Cet enfant qui n'écoute jamais
Aubert, Jean-Luc
Paris : Albin Michel, 2006. 146 p. (Questions de parents)

Le défi de la discipline familiale
Benoit, Joe-Ann
Outremont (Québec) : Quebecor, 2007. 253 p. (Famille)

L'enfant tyran : savoir dire non à l'enfant-roi
Samson, Guy
Outremont (Québec) : Quebecor, 2004. 128 p. (Famille)

L'estime de soi, un passeport pour la vie
Duclos, Germain
Montréal : Éditions de l'Hôpital Sainte-Justine, 2004. 248 p.
(Collection Parents)

Responsabiliser son enfant
Duclos, Germain et Martin Duclos
Montréal : Éditions du CHU Sainte-Justine, 2005. 188 p.
(Collection du CHU Sainte-Justine pour les parents)

Retrouver son rôle de parent

Neufeld, Gordon et Gabor Maté
Montréal: Éditions de l'Homme, 2005. 402 p. (Parents aujourd'hui)

Savoir dire non aux enfants
Langis, Robert
Outremont (Québec): Quebecor, 2002. 159 p.

Se faire obéir des enfants sans frapper et sans crier
Wyckoff, Jerry et Barbara Unell
Montréal: Éditions de l'Homme, 2005. 250 p. (Parents d'aujourd'hui)

Votre enfant et la discipline
Brazelton, T, Berry et Joshua D. Sparro
Paris: Fayard, 2004. 218 p. (Méthode Brazelton)

DVD pour les parents

Racine, Brigitte
La discipline …un jeu d'enfant I
Laprairie: Educoeur, 2004. 1 DVD, 73 minutes

Racine, Brigitte
La discipline …un jeu d'enfant II
Laprairie: Educoeur, 2004. 1 DVD, 87 minutes

Racine, Brigitte
Quand discipline rime avec estime I
Montréal: Educoeur, 2007. 1 DVD, 100 minutes

Racine, Brigitte
Quand discipline rime avec estime II
Montréal: Educoeur, 2007. 1 DVD, 60 minutes

Livres pour les enfants

Les bêtises
Dolto-Tolitch, Catherine
Paris : Gallimard Jeunesse, 1994. 10 p. (Mine de rien)
Même si les enfants se font punir quand ils font des bêtises, les parents les aiment quand même. Punir ou gronder n'empêche pas d'aimer. (2 ans +)

Les affreux parents d'Arthur
Gratton, Andrée-Anne
Laval (Québec) : Les 400 coups, 2004. 32 p.
Arthur, gentil lapin un peu turbulent, exaspère souvent ses parents. Par exemple, il ne termine pas son assiette ou laisse traîner sa trottinette. Les parents d'Arthur, plutôt intransigeants, exercent leur autorité par de multiples avertissements empreints de peur et de menaces. Mais est-ce la meilleure façon de se faire entendre comme parents ? (3 ans +)

Mélanie Pilou
Chapouton, Anne-Marie
Paris : Bayard, 2003. 29 p. (Les belles histoires)
Dès qu'elle n'est pas satisfaite, Mélanie hurle, crie, insiste. Le pire, c'est qu'elle est souvent contrariée parce qu'elle veut toujours tout : les plus beaux jouets, les plus gros gâteaux, effacer le tableau… (3 ans +)

Son altesse Camille 1re
Sophie-Luce
Mont-Royal (Québec) : Modulo Jeunesse, 2000. 22 p. (Le Raton Laveur)
Camille veut être une princesse et faire tout ce qu'elle veut quand elle le veut. Plus question d'obéir à quiconque. Mais elle oublie que, si elle est princesse, son père et sa mère sont roi et reine. Alors, comme le dit sa mère, tout restera comme avant. (3 ans +)

Lili, capricieuse petite sorcière
Barou, Marie-Christine
Francheville (France) : Balivernes, 2006. 29 p.

Lili fait à sa tête, elle ne veut pas écouter ses parents qui lui demandent de ranger sa chambre. Elle use de magie et les rend minuscules. Mais une fois calmée, elle regrette son geste. Saura-t-elle trouver la formule magique pour qu'ils redeviennent comme avant ? (4 ans +)

Pourquoi je ne suis pas sage ?
Witschger, Anne-Laure
Tournai : Casterman, 2000. 26 p. (Pas comme il faut)

Ce n'est pas aussi facile que papa et maman le pensent de devenir sage et parfait. (4 ans +)

Mais moi, je veux !
Rühmann, Karl
Zurich : Nord-Sud, 2002. 26 p. (Un livre d'images Nord-Sud)

« Moi je veux faire ce qui me plaît, mais maman dit toujours non. Alors je vais l'envoyer balader sur la lune… » Mais qui lui racontera son histoire du soir ? (6 ans +)

Maman ne sait pas dire non
Hoestlandt, Jo et Jean-François Dumont
Paris : Flammarion, 2003. 45 p. (Castor benjamin)

La maman de Sami dit toujours oui. Après la naissance de son deuxième enfant, elle se rend compte qu'elle doit aussi dire non. (6 ans +)

Max et Lili veulent tout tout de suite
de Saint Mars, Dominique
Fribourg : Calligram, 2000. 45 p. (Max et Lili)

Max veut acheter tout de suite ce qu'il aime. Sa maman cède facilement à sa manipulation. Lili fait de même avec sa grand-mère. Après discussion, les parents décident de ne plus hésiter à dire non à leurs enfants, surtout quand ils ont la certitude d'avoir raison au départ. (6 ans +)

Max n'en fait qu'à sa tête
de Saint-Mars, Dominique
Fribourg : Calligram, 2004. 45 p. (Max et Lili)

Max a plein d'idées et d'imagination mais il n'écoute rien, discute, et ne supporte pas d'être commandé. Les parents devront user d'autorité pour se faire entendre, avec une douce fermeté. (6 ans +)

Pourquoi toujours obéir ?
Teboul, Roger
Paris : Éditions Louis Audibert, 2002. 45 p. (Brins de psycho)

La collection Brins de psycho s'adresse aux 8-13 ans et à leurs parents pour les aider à affronter certaines situations et à répondre à des questions délicates. Dans ce livre, une discussion autour de l'indispensable autorité, qui est importante dans le développement de la personnalité de l'enfant. (8 ans +)

Services d'écoute téléphonique et sites web pour les parents

QUÉBEC

Éducation coup-de-fil
Téléphone : 514 525-2573
Téléphone sans frais : 1 866 329-4223
Courriel : ecf@bellnet.ca
Site web : www.education-coup-de-fil.com

La Ligne Parents
C.P. 186, Succ. Place d'Armes
Montréal (Québec), H2Y 3G7
Ligne d'écoute : 514 288-5555
Téléphone sans frais : 1 800 361-5085

BELGIQUE

Allô info-familles
Ligne d'écoute : 02 513 11 11
Site web : www.alloinfofamilles.be

Télé-Parents
Ligne d'écoute : 02/736 60 60
Site web : www.liguedesfamilles.be/default.cfm?id=49

FRANCE

École des parents et des éducateurs
Consulter le site web pour obtenir les numéros des services
d'écoute téléphonique
Site web : www.ecoledesparents.org/epe/index.html

SUISSE

Allô parents
Ligne d'écoute : 022 733 22 00

École des parents de Genève
Site web : www.ep-ge.ch

Ouvrages parus dans la même collection

LES TROUBLES ANXIEUX EXPLIQUÉS AUX PARENTS
Chantal Baron
ISBN 2-922770-25-7   2001/88 p.

LES TROUBLES D'APPRENTISSAGE:
COMPRENDRE ET INTERVENIR
Denise Destrempes-Marquez et Louise Lafleur
ISBN 2-921858-66-5   1999/128 p.

VOTRE ENFANT ET LES MÉDICAMENTS:
INFORMATIONS ET CONSEILS
*Catherine Dehaut, Annie Lavoie, Denis Lebel, Hélène Roy
et Roxane Therrien*
ISBN 2-89619-017-1   2005/332 p.

MARQUIS

Québec, Canada

RECYCLÉ
Papier fait à partir
de matériaux recyclés
FSC® C103567

Imprimé sur du papier Enviro 100% postconsommation
traité sans chlore, accrédité ÉcoLogo et fait à partir de biogaz.